Angelika Landmann

Usbekisch
Kurzgrammatik

Angelika Landmann

Usbekisch
Kurzgrammatik

2010

Harrassowitz Verlag · Wiesbaden

Bibliografische Information der Deutschen Nationalbibliothek
Die Deutsche Nationalbibliothek verzeichnet diese Publikation in der Deutschen
Nationalbibliografie; detaillierte bibliografische Daten sind im Internet
über https://dnb.dnb.de abrufbar.

Bibliographic information published by the Deutsche Nationalbibliothek
The Deutsche Nationalbibliothek lists this publication in the Deutsche
Nationalbibliografie; detailed bibliographic data are available in the internet
at https://dnb.dnb.de.

Informationen zum Verlagsprogramm finden Sie unter
http://www.harrassowitz-verlag.de

© Otto Harrassowitz GmbH & Co. KG, Wiesbaden 2010
Das Werk einschließlich aller seiner Teile ist urheberrechtlich geschützt.
Jede Verwertung außerhalb der engen Grenzen des Urheberrechtsgesetzes ist ohne
Zustimmung des Verlages unzulässig und strafbar. Das gilt insbesondere
für Vervielfältigungen jeder Art, Übersetzungen, Mikroverfilmungen und
für die Einspeicherung in elektronische Systeme.
Gedruckt auf alterungsbeständigem Papier.
Umschlag: Julia Guthmüller
Druck und Verarbeitung: Rosch-Buch Druckerei GmbH, Scheßlitz
Printed in Germany
ISBN 978-3-447-06289-3

Inhaltsverzeichnis

Vorwort 1

Lautlehre 3
1. Das Alphabet – 2. Suffixbildung

I.   Das Substantiv 7
1. Die Grundform des Substantivs – 2. Der Plural – 3. Die Possessivsuffixe – 4. Der Genitiv – 5. Der Dativ – 6. Der Akkusativ – 7. Der Lokativ – 8. Der Ablativ – 9. Die Genitiv-Possessiv-Konstruktion – 10. Zusammengesetzte Substantive

II.   Das Adjektiv 15
1. Der Gebrauch des Adjektivs – 2. Der Komparativ – 3. Der Superlativ – 4. Intensivformen

III.   Das Adverb 18

IV.   Pronomina 19
1. Demonstrativpronomina – 2. Personalpronomina – 3. Possessivpronomina – 4. Indefinitpronomina – 5. Das Reflexivpronomen – 6. Das reziproke Pronomen – 7. Interrogativpronomina – 8. Die Fragepartikel

V.   Die Zahlen 26
1. Die Kardinalzahlen – 2. Ordinalzahlen – 3. Alter – 4. Die Uhrzeit – 5. Bruchzahlen – 6. Distributivzahlen

VI.   Postpositionen 31
1. Postpositionen mit dem Nominativ – 2. Postpositionen mit dem Genitiv – 3. Postpositionen mit dem Dativ – 4. Postpositionen mit dem Ablativ

VII.   Das Hilfsverb *sein* sowie bor und yo'q 36
1. Das Präsens – 2. Das Perfekt – 3. Die Form **esa** – 4. Die Form **ekan** 5. Die Form **emish**

VIII.   Zeiten und Modi des Vollverbs 43
1. Der Infinitiv auf **-moq** – 2. Die Präsensformen auf **-yap**, **-(a)yotir** und **-moqda** – 3. Die Präsens-Futur-Formen auf **-a/-y**, **-moqchi**, **-adigan** und **-(a)r/-mas** – 4. Die Perfektformen auf **-di**, **-gan** und **-(i)b** –

5. Aufforderungsformen: Der Imperativ der 2. Personen – Der Imperativ der 3. Personen – Der Optativ – 6. Mit **edi**, **ekan** und **emish** zusammengesetzte Formen – 7. Mit Bildungen von **bo'lmoq** zusammengesetzte Formen – 8. Der reale Konditional – 9. Der irreale Konditional

IX. Verbalnomina 68
1. Das Verbalnomen auf **-(i)sh** – 2. Das Verbalnomen auf **-(a)r/-mas** – 3. Das substantivische Verbalnomen auf **-gan** – 4. Das Verbalnomen auf **-gan** als Partizip – 5. Das Verbalnomen auf **-(a)yotgan** – 6. Das Verbalnomen auf **-adigan** – 7. Die Verbalnomina auf **-moqda** und **-moqchi**

X. Konverbien 83
1. Das Konverb auf **-a/-y** – 2. Verbalkompositionen mit dem Konverb auf **-a/-y** – 3. Das Konverb auf **-(i)b** – 4. Verbalkompositionen mit dem Konverb auf **-(i)b** – 5. Die Form **deb** – 6. Die Konverbien auf **-may** und **-masdan** – 7. Das Konverb auf **-gach** – 8. Das Konverb auf **-gali/-gani** – 9. Das Konverb auf **-guncha**

XI. Konjunktionen 94

XII. Partikeln 97

XIII. Wortbildung 99
1. Substantive auf **-xona** – 2. Substantive auf **-dosh** – 3. Substantive auf **-cha** – 4. Substantive auf **-chi** – 5. Substantive auf **-gi** – 6. Substantive auf **-lik** – 7. Adjektive auf **-li** – 8. Adjektive auf **-siz** – 9. Das Zugehörigkeitssuffix **-gi/-ki** – 10. Die Äquativsuffixe **-dek** und **-day** – 11. Das Äquativsuffix **-cha** – 12. Verbstämme auf **-la** – 13. Reflexive Verbstämme – 14. Reziproke Verbstämme – 15. Kausative Verbstämme – 16. Das Passiv

XIV. Wortfolge 110

Anhang 113
Übersicht über die usbekischen Suffixe 113
Übersicht über die Deklination 116
Übersicht über die usbekischen Verbformen 118
Die deutschen Nebensätze und ihre usbekischen Entsprechungen 119
Alphabetisches Vokabelverzeichnis 120
Sachregister 129
Literaturverzeichnis 131

Vorwort

Die vorliegende Kurzgrammatik der usbekischen Sprache vermittelt auf rund 130 Seiten die wichtigsten Grundlagen der usbekischen Grammatik in knapper, übersichtlicher und leicht verständlicher Form, ohne dass es der Kenntnis einer anderen Turksprache bedarf. Die einzelnen Kapitel sind nach grammatischen Kategorien gegliedert, die Erklärungen werden jeweils durch Beispielsätze aus dem Bereich der Alltagssprache veranschaulicht.

Der Anhang enthält Übersichten über die am meisten verwendeten Suffixe, die Deklination der Substantive, die usbekischen Verbformen, die deutschen Nebensätze und ihre usbekischen Entsprechungen, ein alphabetisches Vokabelverzeichnis sowie ein Sachregister.

Zur Darstellung wurde das 1993 von der usbekischen Regierung beschlossene lateinische Alphabet gewählt. Zwar sollte der Übergang von der kyrillischen zur lateinischen Schrift bis zum Jahre 2005 abgeschlossen sein, doch existieren im Augenblick noch beide Schreibungen nebeneinander. Für den Fall, dass sich die Umstellung auf Dauer nicht durchsetzen sollte, so mag die vorliegende Publikation dazu dienen, im deutschsprachigen Raum den Zugang zur usbekischen Sprache zu erleichtern.

Ich danke Herrn Fozil Tochnyesov wie auch den Studenten des Instituts für deutsche Sprache an der Universität Samarkand für ihre tatkräftige Unterstützung sowie in ganz besonderem Maße der Familie Wladimir Esfeld für die Gastfreundschaft, die ich während meiner Aufenthalte in Samarkand in ihrem Hause genießen durfte.

Heidelberg, im Mai 2010   Angelika Landmann

Lautlehre

1. Das Alphabet

Schreibung	Aussprache		Beispielwort	
A	a	ä wie in Lärm oder a wie in Dach	s. u.	
B	b	b	bayram	Fest
D	d	d	dala	Feld
E	e	e	eshik	Tür
F	f	f	fan	Wissenschaft
G	g	vorderes g wie in Gerste	gap	Wort, Rede
H	h	gehauchtes h wie in Himmel	hafta	Woche
I	i	i wie in Kind oder in Ginster	s. u.	
J	j	stimmhaftes dsch	javob	Antwort
		in Fremdwörtern stimmhaftes sch	bagaj	Gepäck
K	k	vorderes k wie in Kind	kitob	Buch
L	l	l	limon	Zitrone
M	m	m	maktab	Schule
N	n	n	narsa	Ding, Sache
O	o	offenes o wie in Koch	bozor	Markt
P	p	p	pul	Geld
Q	q	hinteres k wie in Kokon	qovun	Honigmelone
R	r	Zungen-r	ruxsat	Erlaubnis
S	s	stimmloses s wie in Pass	salom	Gruß
T	t	t	tabrik	Glückwunsch
U	u	ü wie in Düne oder u wie in Schuh	s. u.	
V	v	w	vatan	Vaterland
X	x	hinteres ch wie in Dach	xat	Brief
Y	y	deutsches j	yil	Jahr
Z	z	stimmhaftes s wie in Seide	zamon	Zeit
O'	o'	Vokal zwischen ö und u oder o	s. u.	
G'	g'	hinteres g wie in Gong	g'arb	Westen
Sh	sh	stimmloses sch	shahar	Stadt
Ch	ch	stimmloses tsch	choy	Tee
	'	Stimmbandverschluss	san'at	Kunst

Lautlehre

Im Usbekischen werden alle Wörter **klein geschrieben,** es sei denn, sie stehen am Satzanfang oder es handelt sich um Eigennamen.

Die **Betonung** innerhalb eines Wortes liegt nicht grundsätzlich auf einer bestimmten Silbe. Zwar tragen zahlreiche Wörter die Betonung auf der letzten Silbe, doch gibt es viele, die nicht dieser Regel folgen. Bestehende Betonungsregeln werden daher an der entsprechenden Stelle behandelt.

Ein wesentliches Merkmal, das in allen Turksprachen in mehr oder weniger ausgeprägter Form vorhanden ist, ist das Lautgesetz der Vokalharmonie. Dieses Lautgesetz besagt, dass ein Wort entweder nur helle bzw. vordere oder nur dunkle bzw. hintere Vokale besitzt. Gleichzeitig ist das gesamte Wort samt seinen Konsonanten hell bzw. dunkel auszusprechen.

Im heutigen usbekischen Alphabet sind insbesondere die Konsonanten **g'**, **q** und **x** als hintere Entsprechungen der vorderen Konsonanten **g**, **k** und **h** deutlich zu erkennen. Während der Vokal **a** vor oder nach den meisten Konsonanten wie ein sehr helles, flaches **ä**, das **i** wie ein **i**, das **o'** wie ein Vokal zwischen **ö** und **u** und das **u** wie ein **ü** ausgesprochen werden, erklingen vor allem im Zusammenhang mit den drei hinteren Konsonanten **g'**, **q** und **x** das **a** als **a**, das **i** als dumpfes **ı**, das **o'** als **o** und das **u** als **u**:

gap (gäp)	Rede, Wort	g'arb (g'arb)	Westen
kalit (kälit)	Schlüssel	qalam (qalam)	Stift
hafta (häftä)	Woche	xat (xat)	Brief

gilam (giläm)	Kelim, Teppich	g'isht (g'ısht)	Ziegel
kishi (kishi)	Person	qish (qısh)	Winter
hisob (hisob)	Rechnung	xil (xıl)	Art, Sorte

gul (gül)	Blume	g'urbat (g'urbat)	Fremde
kuz (küz)	Herbst	qush (qush)	Vogel
hudud (hüdüd)	Grenze	xudo (xudo)	Gott

go'sht (gösht)	Fleisch	g'o'za (g'oza)	Baumwollpflanze
ko'z (köz)	Auge	qo'l (qol)	Hand
ho'l (höl) meva	Frischobst	xo'ja (xoja)	Herr, Hodscha

2. Suffixbildung

Als agglutinierende Sprache drückt das Usbekische seine grammatischen Funktionen durch angehängte Silben, sogenannte **Suffixe**, aus. Hierbei sind folgende Regeln zu beachten:

1. Lautet ein Nomen bzw. ein Verbstamm auf **k** oder **q** aus, wird ein **g** am Beginn eines Suffixes – wie etwa beim Dativ (vgl. S. 10) oder dem Partizip Perfekt Aktiv des Vollverbs (vgl. S. 74) – zu **k** bzw. zu **q**:

eshik	Tür	eshik-ka	zur Tür
qishloq	Dorf	qishloq-qa	ins Dorf

tik-moq	nähen	tik-kan	genäht
chiq-moq	hinausgehen	chiq-qan	hinausgegangen

2. Bei Substantiven und Verbstämmen, die auf **g** oder **g'** enden, werden diese Konsonanten vor einem Suffix, das mit **g** beginnt, zu **k** bzw. **q**, so dass auch hier Regel 1 gilt:

barg	Blatt	bark-ka	auf das Blatt
bog'	Garten	boq-qa	in den Garten

teg-moq	berühren	tek-kan	berührt
yig'-moq	sammeln	yiq-qan	gesammelt

3. Andererseits sonorisieren überwiegend mehrsilbige Substantive auf **k** und **q** ihren Endkonsonanten bei Anschluss der vokalisch anlautenden Possessivsuffixe (vgl. S. 8) zu **g** bzw. zu **g'**:

eshik	Tür	eshig-i	seine Tür
qishloq	Dorf	qishlog-i	sein Dorf

Des Weiteren gilt:
Allgemein wird beim Anfügen von Suffixen das Aufeinandertreffen von Vokalen vermieden:

uy	Haus	uy-imiz	unser Haus
bola	Kind	bola-miz	unser Kind

Aus diesem Grunde beginnen viele der im Folgenden wie auch im Anhang (vgl. S. 113 ff.) wiedergegebenen Suffixe mit einem in Klammern gesetzten Anfangsbuchstaben.

Schließlich besitzt das Usbekische eine Reihe zweisilbiger, konsonantisch auslautender Substantive, die den Vokal ihrer zweiten Silbe verlieren, wenn das sich anschließende Suffix mit einem Vokal beginnt:

bo'yin	Hals	bo'yni	sein Hals
burun	Nase	burni	seine Nase
ko'ngil	Herz, Gemüt	ko'ngli	sein Herz, sein Gemüt
o'g'il	Sohn	o'g'li	sein Sohn
o'rin	Platz	o'rni	sein Platz
o'yin	Spiel	o'yni	sein Spiel
og'iz	Mund	og'zi	sein Mund
qorin	Leib, Bauch	qorni	sein Leib
singil	jüngere Schwester	singli	seine jg. Schwester
shahar	Stadt	shahri	seine Stadt
yarim	Hälfte	yarmi	seine Hälfte

Da einem Substantiv diese Eigenschaft nicht ohne Weiteres anzusehen ist, erhalten sie in den Wörterbüchern einen besonderen Hinweis.

I. Das Substantiv

1. Die Grundform des Substantivs

Das usbekische Substantiv hat keinen bestimmten Artikel; es unterscheidet auch nicht zwischen männlich, weiblich und sächlich. In seiner Grundform hat es die Funktion eines sogenannten Kasus indefinitus und kann sowohl einen Singular wie auch einen Plural beinhalten. Gleichzeitig dient es auch als Subjektkasus, d.h. als Nominativ Singular:

o'quvchi	bedeutet demnach *Schüler/Schülerin, Schüler/Schülerinnen* wie auch *der Schüler/die Schülerin*.

Das Demonstrativpronomen *dieser, diese, dieses* lautet **bu**:

bu o'quvchi	bedeutet *dieser Schüler/diese Schülerin*.

Das Zahlwort **bir** *eins* dient auch als unbestimmter Artikel:

bir o'quvchi	bedeutet *ein Schüler/eine Schülerin*.

Nach Mengenangaben bleibt das Substantiv meist in seiner Grundform:

uch o'quvchi	bedeutet *drei Schüler/drei Schülerinnen*.

Substantiv	Plural	Possessive		Kasus	
uy	-lar	-(i)m	mein	---	Nominativ
bola		-(i)ng	dein	-ning	Genitiv
		-(s)i	sein/ihr	-ga	Dativ
		-(i)miz	unser	-ni	Akkusativ
		-(i)ngiz	euer/Ihr	-da	Lokativ
		-lari	ihr	-dan	Ablativ

2. Der Plural

Der Plural wird im Usbekischen durch ein Suffix wiedergegeben, das **-lar** lautet. Gegenüber dem Grundbegriff wird es verwendet, um die Mehrzahl von Einzelpersonen oder -dingen zu bezeichnen:

uy	Haus	bola	Kind
uylar	Häuser	bolalar	Kinder

Bu bolalar o'quvchi.	Diese Kinder sind Schüler.
O'quvchilar band.	Die Schüler sind beschäftigt.

3. Die Possessivsuffixe

Auch die Possessive werden im Usbekischen durch Suffixe wiedergegeben:

uyim	mein Haus	bolam	mein Kind
uying	dein Haus	bolang	dein Kind
uyi	sein/ihr Haus	bolasi	sein/ihr Kind
uyimiz	unser Haus	bolamiz	unser Kind
uyingiz	euer/Ihr Haus	bolangiz	euer/Ihr Kind
uylari	ihr Haus	bolalari	ihr Kind

uylarim	meine Häuser	bolalarim	meine Kinder
uylaring	deine Häuser	bolalaring	deine Kinder
uylari	seine/ihre Häuser	bolalari	seine/ihre Kinder
uylarimiz	unsere Häuser	bolalarimiz	unsere Kinder
uylaringiz	eure/Ihre Häuser	bolalaringiz	eure/Ihre Kinder
uylari	ihre Häuser	bolalari	ihre Kinder

Da ein Wort das gleiche Suffix nur einmal erhält, kann die Form auf **-lari** drei verschiedene Bedeutungen haben. Häufig erhält jedoch ein Gegenstand, der mehrere Eigentümer hat, nur das Possessivsuffix der 3. Person Singular:

uy-lar-i	seine/ihre Häuser	bola-lar-i	seine/ihre Kinder
uy-lari	ihr Haus	bola-lari	ihr Kind
uy-lar-lari	ihre Häuser	bola-lar-lari	ihre Kinder

| Bu kim? | Wer ist das? |
| Bu bolam. | Das ist mein Kind. |

| Bu nima? | Was ist das? |
| Bu uyimiz. | Das ist unser Haus. |

Das Usbekische besitzt kein Verb, das dem deutschen *haben* entspricht. Um anzuzeigen, dass man etwas hat, das (zu) einem gehört, wird der Possessiv in Verbindung mit **bor** *vorhanden* bzw. **yo'q** *nicht vorhanden* verwendet:

| Bolalaringiz bormi? | Sind Ihre Kinder vorhanden = haben Sie Kinder? |
| Ikki o'g'lim va bir qizim bor. | Meine zwei Söhne und meine eine Tochter sind vorhanden = ich habe zwei Söhne und eine Tochter. |

Um andererseits auszudrücken, dass man etwas (bei sich) hat, das zu einer anderen Person gehört, wird der Lokativ (vgl. S. 11) als Prädikatsnomen eingesetzt. Das Deutsche verwendet diese Ausdrucksweise nur bei Personen:

| Qizim sendami? | Ist meine Tochter bei dir? |
| Ha, qizing menda. | Ja, deine Tochter ist bei mir. |

| Kitobim sendami? | Ist mein Buch bei dir = hast du mein Buch? |
| Ha, kitobing menda. | Ja, dein Buch ist bei mir = ich habe dein Buch. |

Das *bei sich Haben* einer Sache schließlich wird ebenfalls durch den Lokativ, diesmal verbunden mit **bor** *vorhanden* bzw. **yo'q** *nicht vorhanden*, zum Ausdruck gebracht:

| Senda kitob bormi? | Ist bei dir ein Buch vorhanden = hast du ein Buch dabei? |
| Menda kitob yo'q. | Bei mir ist kein Buch vorhanden = ich habe kein Buch dabei. |

4. Der Genitiv

Der Genitiv antwortet auf die Frage **kimning** *wessen*. Das usbekische Genitivsuffix lautet **-ning**:

uyning	des Hauses	bolaning	des Kindes
uylarning	der Häuser	bolalarning	der Kinder

Der Genitiv tritt vor allem im Zusammenhang mit dem Possessiv der 3. Person auf (vgl. S. 13):

Bu kimning kitobi?	Wessen Buch ist das?
Qizimning kitobi.	Das Buch meiner Tochter.

Daneben dient er in seiner Kurzform auf **-ni** und ergänzt um das Zugehörigkeitssuffix **-ki** (vgl. S. 102) als Prädikatsnomen, um *gehören* zum Ausdruck zu bringen:

Bu kitoblar kimniki?	Wessen sind diese Bücher = wem gehören diese Bücher?
Ular bolalarimniki.	Sie sind diejenigen meiner Kinder = sie gehören meinen Kindern.

5. Der Dativ

Der Dativ antwortet auf die Fragen **qayerga** *wohin*, **kimga** *wem, zu wem*, **nega, nimaga** *worüber, wofür, wozu*, **qanchaga** *zu welchem Preis* wie auch zeitlich **qachongacha** *bis wann* (vgl. S. 29). Das Dativsuffix lautet **-ga**:

uyga	ins Haus, nach Hause	bolaga	dem Kind
uylarga	in die Häuser	bolalarga	den Kindern

Qayerga boryapsan?	Wohin gehst du?
Xonamga boryapman.	Ich gehe in mein Zimmer.

Kitobingni kimga berding?	Wem hast du dein Buch gegeben?
Uni o'g'limga berdim.	Ich habe es meinem Sohn gegeben.

6. Der Akkusativ

Der Akkusativ antwortet auf die Fragen **kimni** *wen*, **nima(ni)** *was*. Das Akkusativsuffix lautet **-ni**:

uyni	das Haus	bolani	das Kind
uylarni	die Häuser	bolalarni	die Kinder

Kimni kutyapsiz?	Auf wen wartet ihr?
O'rtoqlarimizni kutyapmiz.	Wir warten auf unsere Freunde.

Ist das Objekt unbestimmt, kann das Akkusativ entfallen:

Nima qidiryapsiz?	Was suchen Sie?
Biz yaxshi bir restoran qidiryapmiz.	Wir suchen ein gutes Restaurant.

7. Der Lokativ

Der Lokativ antwortet auf die Fragen **qayerda** *wo* und **kimda** *bei wem* sowie zeitlich **qachon** *wann* (vgl. S. 29) und wird im Deutschen durch die Präpositionen *in*, *an*, *auf*, *bei* und *um* ausgedrückt. Das usbekische Lokativsuffix lautet **-da**:

uyda	im Haus	bolada	bei dem Kind
uylarda	in den Häusern	bolalarda	bei den Kindern

Onang qayerda?	Wo ist deine Mutter?
Bog'ida.	In ihrem Garten.

Kitobim kimda?	Wer hat mein Buch?
Kitobing opangda.	Deine ältere Schwester hat dein Buch.

Erweitert um das Zugehörigeitssuffix **-gi** (vgl. S. 102) dient er als attributive Ergänzung eines Substantivs:

Buyerdagi hamma narsalar men uchun yangi va qiziqarlidir.	Alle Dinge hier sind für mich neu und interessant.

8. Der Ablativ

Der Ablativ antwortet auf die Fragen **qayerdan** *woher*, **kimdan** *von wem*, **nimadan** *wovon, woraus, weshalb, wovor* sowie zeitlich **qachondan** *von wann* (vgl. S. 29). Das Ablativsuffix lautet **-dan**:

| uydan | aus dem Haus | boladan | von dem Kind |
| uylardan | aus den Häusern | bolalardan | von den Kindern |

| Qayerdan keldingiz? | Woher seid ihr gekommen? |
| Qishlogimizdan keldik. | Wir sind aus unserem Dorf gekommen. |

| Bu xatni kimdan olding? | Von wem hast du diesen Brief bekommen? |
| Uni o'g'limdan oldim. | Ich habe ihn von meinem Sohn bekommen. |

Der Ablativ gibt auch die Ursache wieder, aus der heraus etwas geschieht:

| Nimadan qo'rqyapsiz? | Wovor fürchtet ihr euch? |
| Itlardan qo'rqyapmiz. | Wir fürchten uns vor den Hunden. |

Schließlich wird durch den Ablativ auch die Wegstrecke ausgedrückt, die jemand bzw. etwas nimmt:

| O'qituvchimiz eshikdan kirayotir. | Unser Lehrer kommt gerade zur Türe herein. |

9. Die Genitiv-Possessiv-Konstruktion

Soll ein Eigentumsverhältnis zum Ausdruck gebracht werden und ist der Eigentümer eine dritte Person, wird er – wie im Deutschen – in den Genitiv gesetzt. Der Eigentumsgegenstand wird ihm nachgestellt und erhält grundsätzlich das Possessivsuffix der 3. Person (vgl. S. 8):

| shahrimiz**ning** markaz**i** | das Zentrum unserer Stadt |

Subst.	Plural	Poss.	Kasus
shahar	-lar	-(i)m	
		-(i)ng	**-ning**
		-(s)i	
		-(i)miz	
		-(i)ngiz	
		-lari	

Subst.	Plural	Poss.	Kasus
markaz	-lar		---
			-nin
		-(s)i	-ga
			-ni
			-da
		-lari	-dan

Shahrimizning markaziga boryapmiz.	Wir gehen in das Zentrum unserer Stadt.
Kitobingni qizimizning o'qituvchisiga berdim.	Ich habe dein Buch dem Lehrer unserer Tochter gegeben.
Bolalarimning o'rtoqlarini kutyapman.	Ich warte auf die Freunde meiner Kinder.
Onang qo'shnimizning bog'ida.	Deine Mutter ist im Garten unseres Nachbarn.
Onamizning qishlogidan keldik.	Wir sind aus dem Dorf unserer Mutter gekommen.

Auch auf den sogenannten Genitivus partitivus hat der Possessiv der 3. Person zu folgen. Gelegentlich tritt jedoch auch der Ablativus partitivus an die Stelle des Genitivs:

| Ulug'bekning madrasalarining biri Buxoroda va biri Samarqandda. | Eine der Medresen Ulughbegs ist in Buchara und eine in Samarkand. |
| Ulug'bekning madrasalaridan biri Buxoroda va biri Samarqandda. | Eine von den Medresen Ulughbegs ist in Buchara und eine in Samarkand. |

10. Zusammengesetzte Substantive

Demgegenüber werden zusammengesetzte Substantive wie z.B. *Stadtzentrum* durch eine sogenannte unvollständige Genitiv-Possessiv-Konstruktion wiedergegeben, das heißt, das erste Substantiv bleibt ohne den Genitiv, das zweite jedoch erhält das Possessivsuffix der 3. Person:

shahar markaz**i**	Stadtzentrum

Shahar markazidan keldik.	Wir sind aus dem Stadtzentrum gekommen.

Gehört ein solcher zusammengesetzter Begriff (zu) einer bestimmten Person, entfällt das Possessivsuffix des Grundbegriffs zugunsten der im konkreten Fall erforderlichen Possessivendung:

Shahar markazimizdan keldik.	Wir sind aus unserem Stadtzentrum gekommen.

Häufig bilden geographische Begriffe wie auch Wochentage und Monatsnamen mit einer näheren Bestimmung ein zusammengesetztes Substantiv:

Toshkent shahri O'zbekistonning poytaxti.	Die Stadt Taschkent ist die Hauptstadt Usbekistans.
Orol dengizini ko'rdingizmi?	Habt ich den Aralsee gesehen?
Shanba kuni vaqting bormi?	Hast du Samstag Zeit?
Avgust oyida kelamiz.	Wir werden im Monat August kommen.

Anders als die Nationalitätsbezeichnungen auf **-lik** (vgl. S. 101) sind die selbständig gebildeten Begriffe reine Substantive und können mit einem weiteren Substantiv nur in Form eines zusammengesetzten Substantivs verbunden werden:

o'zbek tili	die usbekische Sprache
o'zbek ovqatlari	usbekische Speisen

II. Das Adjektiv

1. Der Gebrauch des Adjektivs

Das Adjektiv kann, wenn es substantivisch gebraucht wird, dekliniert werden:

katta	groß, erwachsen
kattalar	die Erwachsenen
Katta-kichik, hammasi keldi.	Groß und Klein, alle sind gekommen.

Als Attribut vor ein Substantiv gestellt, bleibt es undekliniert:

Toshkentda katta ko'chalar bor.	In Taschkent gibt es große Straßen.

Im Singular steht der unbestimmte Artikel **bir**, sofern er überhaupt verwendet wird, zwischen Adjektiv und Substantiv:

Katta (bir) xonamiz bor.	Wir haben ein großes Zimmer.

Demgegenüber wird **bir** an erster Stelle genannt, wenn es als Zahlwort verstanden werden soll. Dieses Prinzip gilt auch für die übrigen Zahlwörter:

Iltimos, menga bir/bitta katta qovun tanlab bering!	Bitte wählen Sie mir eine große Honigmelone aus!
Iltimos, menga ikkita katta qovun tanlab bering!	Bitte wählen Sie mir zwei große Honigmelonen aus!

Das Adjektiv dient auch als Prädikatsnomen sowie als Adverb:

Sizning oilangiz kattami?	Ist Ihre Familie groß?
Bu etik menga biroz katta kelyapti.	Diese Stiefel erscheinen mir etwas (zu) groß.
Katta gapirma!	Rede nicht so groß daher!

2. Der Komparativ

Um den Komparativ zu bilden, erhält das Adjektiv das Suffix **-roq**:

Samarqand katta, lekin Toshkent kattaroq.	Samarkand ist groß, doch Taschkent ist größer.

Das vergleichende *als* wird durch den Ablativ des verglichenen Nomens ausgedrückt. Das Suffix **-roq** ist dann entbehrlich, kann aber als Verstärkung hinzugesetzt werden:

Toshkent Samarqanddan katta.	Taschkent ist größer als Samarkand.
Toshkent Samarqanddan kattaroq.	Taschkent ist noch größer als Samarkand.

Sehr häufig verwendet das Usbekische bei Vergleichen auch die Postpositionen **qaraganda** (vgl. S. 34) oder **ko'ra** (vgl. S. 35):

Toshkent Samarqandga qaraganda kattaroq.	Taschkent ist – mit Blick auf Samarkand – größer.
Samarqanddan ko'ra Toshkent kattaroq.	Taschkent ist – von Samarkand aus betrachtet – größer.

3. Der Superlativ

Um den Superlativ zum Ausdruck zu bringen, stellt man vor das Adjektiv das Wort **eng** *am meisten*:

O'zbekistonning shaharlarining eng kattasi Toshkent.	Die größte der Städte Usbekistans ist Taschkent.
O'zbekistonning eng katta daryolar: Amudaryo va Sirdaryo.	Die größten Flüsse Usbekistans sind Amu Darja und Syr Darja.

4. Intensivformen

Ein Adjektiv kann in seiner Bedeutung durch **juda** *sehr*, **juda ham** *wirklich sehr*, eine Komparativ-Form, gelegentlich auch durch Verdoppelung verstärkt werden:

Bu uy juda katta.	Dieses Haus ist sehr groß.
Bu uy juda ham katta.	Dieses Haus ist überaus groß.
Bu uy hammadan katta.	Dieses Haus ist größer als alle.
Bu uylar kattadan katta.	Diese Häuser sind größer als groß.
Toshkentda katta-katta uylar bor.	In Taschkent gibt es große, große Häuser.

Daneben gibt es Intensivformen, die dadurch entstehen, dass man die ersten beiden Buchstaben verdoppelt und ein **p** oder **m**, in seltenen Fällen auch ein **s**, einschiebt:

katta	groß	kap-katta	riesengroß
qizil	rot	qip-qizil	ganz rot
qora	schwarz	qop-qora	tiefschwarz
sariq	gelb	sap-sariq	ganz gelb
tekis	flach	tep-tekis	ganz flach
to'la	voll	to'p-to'la	ganz voll
toza	sauber	top-toza	ganz sauber
yangi	neu	yap-yangi	nagelneu
bosh	leer	bo'm-bosh	völlig leer
ko'k	blau	ko'm-ko'k	blitzblau
yashil	grün	yam-yashil	ganz grün
butun	ganz	bus-butun	voll und ganz

Bei einigen Adjektiven wird **-ppa** eingefügt:

quruq	trocken	quppa-quruq	ganz trocken
rosa	exakt	roppa-rosa	ganz genau
sog'	gesund	soppa-sog'	ganz gesund
tayor	fertig	tappa-tayor	ganz fertig
to'g'ri	richtig	to'ppa-to'g'ri	ganz richtig

III. Das Adverb

Die Adverbien bilden im Usbekischen keine in sich geschlossene Wortklasse. Einerseits werden Substantive und Adjektive adverbial verwendet, andererseits können aber auch Adverbien Suffixe erhalten.

Zur Bezeichnung des Ortes verwendet das Usbekische die Begriffe **bu yerda** *hier*, **shu yerda** *da*, **u yerda** *dort*, **ichkarida** *drinnen*, **tashqarida** *draußen*, **yuqorida** *oben*, **pastda** *unten*, **o'ngda** *rechts*, **chapda** *links*, **allaqayerda** *irgendwo*, **hech yerda** (+ Neg.) *nirgends*, **har yerda** *überall*:

| Men yana bir oy bu yerda qolaman. | Ich bleibe noch einen Monat hier. |

Zur Bezeichnung des Ausgangspunktes bzw. des Ziels einer Bewegung erhalten sie anstelle des Lokativsuffixes das Ablativ- bzw. das Dativsuffix:

| Buxoro bu yerdan uzoqmi? | Ist Buchara weit von hier? |
| Men kecha bu yerga keldim. | Ich bin gestern hierher gekommen. |

Die wichtigsten Entsprechungen deutscher Temporaladverbien sind **o'tgan kuni** *vorgestern*, **kecha** *gestern*, **bugun** *heute*, **ertaga** *morgen*, **indin(ga)** *übermorgen*, **endi** *jetzt*, **hozir** *jetzt, gleich*, **hali** *noch*, **darhol** *sofort*, **har vaqt, hamma vaqt, doim** *jederzeit, immer*, **hech qachon** (+ Neg.) *niemals*, **ko'p, uzoq vaqt** *lange*, **ko'p, tez-tez** *oft*, **ba'zan** *manchmal*:

| Ishingiz hali tugamadimi? | Ist eure Arbeit noch nicht zu Ende? |
| Haligacha tugamadi. | Bis jetzt ist sie noch nicht zu Ende. |

Als Modaladverbien dienen **balki(m)** *vielleicht*, **jonim bilan, bajonidil** *gerne*, **bunday, shunday, unday** *so, derart*, **afsuski** *leider*, **bekorga** *vergebens* sowie fast alle beschreibenden Adjektive:

| Iltimos, biroz sekinroq gapiring! | Bitte sprechen Sie etwas langsamer! |
| Siz o'zbekchani yaxshi bilasiz. | Sie können gut Usbekisch. |

IV. Pronomina

1. Demonstrativpronomina

Das Usbekische besitzt folgende drei Demonstrativpronomina:

bu	dieser, diese, dieses	(in unmittelbarer Nähe)
shu	der da, die da, das da	(in Reichweite)
u	jener, jene, jenes	(allgemein sowie weit entfernt)

Attributiv vor ein Substantiv gestellt, bleiben sie undekliniert:

Bu so'zni tushunmayapman.	Ich verstehe dieses Wort nicht.
Shu kitobni o'qidingmi?	Hast du das Buch (da) gelesen?
Men u xabarni radiodan eshitgan edim.	Ich hatte jene Nachricht im Radio gehört.

Werden sie wie Substantive dekliniert, wird im Singular – nicht jedoch beim Genitiv und Akkusativ – ein sogenanntes **pronominales n** eingeschoben:

bu	bular	shu	shular	u	ular
buning	bularning	shuning	shularning	uning	ularning
bunga	bularga	shunga	shularga	unga	ularga
buni	bularni	shuni	shularni	uni	ularni
bunda	bularda	shunda	shularda	unda	ularda
bundan	bulardan	shundan	shulardan	undan	ulardan

Men buni tushunmayapman.	Ich verstehe das hier nicht.
Shuni o'qidingmi?	Hast du das gelesen?
Men uni radiodan eshitgan edim.	Ich hatte es im Radio gehört.

Häufig werden die Demonstrativpronomina durch die Deutewörter **mana** *sieh hier* und **ana** *sieh da* verstärkt:

| Mana bu o'rtoqlar o'zbek. | Diese Freunde hier sind Usbeken. |
| Ana shu kitob qancha turadi? | Wie viel kostet das Buch da? |

2. Personalpronomina

Die usbekischen Personalpronomina lauten:

men	ich	sen	du	u	hier: er, sie, es
biz	wir	siz	ihr, Sie	ular	hier: sie

Biz und **siz** können das Pluralsuffix erhalten: **bizlar** *wir alle*, **sizlar** *ihr alle, Sie alle*.

Da das Subjekt eines Satzes bei den 1. und 2. Personen in den Personalendungen bereits enthalten ist, sind die Personalpronomina im Nominativ an und für sich überflüssig. Dennoch werden sie in der Umgangssprache häufig zusätzlich an den Satzanfang gestellt:

Qayerdasan?	Wo bist du?
Uydaman.	Ich bin zu Hause.
Men uydaman, sen qayerdasan?	Ich bin zu Hause, (und) wo bist du?

Die Deklination ist weitgehend regelmäßig: wie beim gleichlautenden Demonstrativpronomen wird auch beim Personalpronomen der 3. Person Singular das **pronominale n** eingeschoben; zur Vermeidung von Doppelkonsonanz erhalten aber auch **men** und **sen** im Genitiv und Akkusativ nur jeweils ein **n**:

men	ich	sen	du	u	er, sie, es
mening	meiner	sening	deiner	uning	seiner, ihrer
menga	mir	senga	dir	unga	ihm, ihr
meni	mich	seni	dich	uni	ihn, sie, es
menda	bei mir	senda	bei dir	unda	bei ihm/ihr
mendan	von mir	sendan	von dir	undan	von ihm/ihr

biz	wir	siz	ihr, Sie	ular	sie
bizning	unser	sizning	euer, Ihrer	ularning	ihrer
bizga	uns	sizga	euch, Ihnen	ularga	ihnen
bizni	uns	sizni	euch, Sie	ularni	sie
bizda	bei uns	sizda	bei euch/Ihnen	ularda	bei ihnen
bizdan	von uns	sizdan	von euch/Ihnen	ulardan	von ihnen

Ein *es* als formales Subjekt verwendet das Usbekische nicht:

| Bugun havo issiq. | Heute ist die Luft/das Wetter warm = heute ist es warm. |

3. Possessivpronomina

Die Genitive der Personalpronomina können als Possessivpronomina verstanden werden. Da das Usbekische jedoch den Gebrauch der Possessivsuffixe bevorzugt, werden die Personalpronomina im Genitiv gewissermaßen zur Betonung des Besitzverhältnisses zusätzlich vorangestellt:

| Kitobim qayerda? | Wo ist mein Buch? |
| Mening kitobim qayerda? | Wo ist mein Buch? |

Um als Prädikatsnomen *gehören* zum Ausdruck zu bringen, erhält wie beim Substantiv (vgl. S. 10) die Kurzform des Genitivs auf **-ni** das Zugehörigkeitssuffix **-ki**:

| Bu uy bizniki. | Dieses Haus ist unseres = dieses Haus gehört uns. |

4. Indefinitpronomina

Anstelle des deutschen Indefinitpronomens *man* verwendet das Usbekische entweder das Passiv in der 3. Person Singular oder das Aktiv in der 3. Person Plural:

| Bu daryo qanday ataladi? | Wie wird dieser Fluss genannt = wie nennt man diesen Fluss? |
| Poyezd kechroq jo'nashini Sizga aytishdimi? | Haben sie euch gesagt, dass der Zug später abfährt = hat man euch gesagt, dass der Zug später abfährt? |

Im Übrigen kennt das Usbekische keine unterschiedlichen Begriffe für bejahte und verneinte Indefinitpronomina, da Bejahung wie Verneinung eines usbekischen Satzes innerhalb des Prädikats erfolgen.

Wörter wie z.B. **kim** *wer* erhalten zur Verstärkung der Bejahung entweder die Vorsilbe **alla-** *irgend* oder das Suffix **-dir**; zur Verstärkung der Verneinung dient das Wort **hech** *überhaupt*:

Kimdir eshikni taqillatdi.	Es hat jemand an die Tür geklopft.
Men allakimni bog'da ko'rdim.	Ich habe jemanden im Garten gesehen.
Bog'da hech kim yo'q.	Es ist niemand im Garten.

Dem Indefinitpronomen *etwas* entsprechen neben **allanima** oder **nimadir** die Begriffe **bir narsa** oder **biror narsa** *eine Sache*; die Negation erfolgt auch hier durch **hech**:

Bir(or) narsa yeyishni istaysizmi?	Wollt ihr etwas essen?
Biz hech narsa yeyishni istamaymiz.	Wir möchten nichts essen.

5. Das Reflexivpronomen

Das deutsche Reflexivpronomen *selbst* ist im Usbekischen ein Substantiv: **o'z** *das Selbst*. Die Personenbezeichnungen werden durch die Possessivsuffixe ausgedrückt:

o'zim	ich selbst	o'zimiz	wir selbst
o'zing	du selbst	o'zingiz	ihr/Sie selbst
o'zi	er/sie selbst	o'zlari	sie selbst

Ertaga o'zim Toshkentga boraman.	Ich fahre morgen selbst nach Taschkent.

In der 3. Person bildet das jeweilige Substantiv mit **o'z** eine Genitiv-Possessiv-Konstruktion:

Ertaga otamning o'zi Toshkentga boradi.	Mein Vater fährt morgen selbst nach Taschkent.

Die Deklination ist regelmäßig:

O'zinga ehtiyot bo'l!	Pass gut auf dich auf!
O'zimni juda yaxshi his qilyapman.	Ich fühle mich sehr wohl.

Häufig tritt **o'z** auch an die Stelle des Personalpronomens:

O'zingizni ko'rganimdan xursandman.	Ich bin erfreut, euch zu sehen.
Bu bolalar o'zimdan ikki-uch yosh kichik.	Diese Kinder sind zwei, drei Jahre jünger als ich.
Necha kilogram yukni o'zim bilan olib ketishim mumkin?	Wie viel Kilo Gepäck darf ich mit mir mitnehmen?

Attributiv und damit nicht mehr deklinierbar vor ein Substantiv mit Possessivsuffix gestellt, entspricht **o'z** dem Deutschen *eigen*:

Men uni o'z ko'zim bilan ko'rdim.	Ich habe es mit meinen eigenen Augen gesehen.

Ein feststehender Begriff ist **o'z vaqtida** *rechtzeitig*:

Vokzalga o'z vaqtida yetib bordingizmi?	Seid ihr rechtzeitig zum Bahnhof gekommen?

Stellt man das attributive **o'z** vor das Substantiv **o'z** mit Possessivsuffix, entsteht die Bedeutung *ganz alleine, für sich selbst*:

Eng yaqin o'z-o'ziga xizmat qilish do'koni qayerda?	Wo ist das nächstgelegene Selbstbedienungsgeschäft?
Bola o'z-o'zidan yura boshladi.	Das Kind hat von alleine angefangen zu laufen.

Die unveränderte Form **o'zi** schließlich bedeutet so viel wie *zunächst einmal, überhaupt*:

Siz kimsiz, o'zi?	Zunächst einmal: wer sind Sie denn eigentlich?

6. Das reziproke Pronomen

Das usbekische reziproke Pronomen lautet **bir-bir**. Die Personenbezeichnungen erhält es ebenfalls durch Anfügung der Possessivsuffixe:

bir-birimiz	wir einander
bir-biringiz	ihr/Sie einander
bir-biri/bir-birlari	sie einander

Do'stlar bir-birlarining quchoqlariga otilishdi.	Die Freunde warfen sich einander in die Arme.
Bu ikki bola bir-biriga o'xshar.	Diese beiden Kinder ähneln einander.
Bir-biringizni taniysizmi?	Kennt ihr euch?
Bir-biringizdan xabaringiz bormi?	Habt ihr Nachricht voneinander?
O'quvchilar bir-birlari bilan tortishyaptilar.	Die Schüler diskutieren miteinander.

7. Interrogativpronomina

Die wichtigsten Interrogativpronomina sind **kim** *wer*, **ne/nima** *was* und **qay(si)** *welcher*.
Kim wird regelmäßig dekliniert: **kimlar** *wer alles*, **kimning** *wessen*, **kimga** *wem*, **kimni** *wen*, **kimda** *bei wem*, **kimdan** *von wem*.
Auf **ne/nima** basieren **nimalar** *was alles*, **nega/nimaga** *worüber, wofür, wozu*, **nimadan** *wovon, wovor, woraus, weshalb*, **nima uchun** *warum*, **necha/nechta** (attr.) *wie viele* und **nechanchi** *der wievielte*.
Auf der Basis von **qa-** sind entstanden: **qayerda, qatta** *wo*, **qayerga** *wohin*, **qayerdan** *woher*, **qanday** *wie, was für*, **qalay** *wie*, **qancha** *wie viel, wie lange, wie sehr*, **qanchaga** *zu welchem Preis*, **qachon** *wann*, **qachondan** *von wann*, **qachongacha** *bis wann*, **qani** *wie, nun, wo*.

Die Wortfolge ist im Usbekischen bei Fragesätzen und Aussagesätzen die gleiche, d.h. das Fragepronomen steht nicht – wie im Deutschen – grundsätzlich am Satzanfang; es erhält jedoch die **Betonung** innerhalb eines Satzes:

| Bu odam qo'shnimiz. | Dieser Mann ist unser Nachbar. |
| Bu odam **kim**? | Wer ist dieser Mann? |

Bu sovg'ani do'stimdan oldim.	Ich habe dieses Geschenk von meinem Freund bekommen.
Bu sovg'ani **kimdan** olding?	Von wem hast du dieses Geschenk bekommen?

Bizga meva kerak.	Wir brauchen Obst.
Sizga **nima** kerak?	Was braucht ihr?

Otam Buxoroda ishlaydi.	Mein Vater arbeitet in Buchara.
Otangiz **qayerda** ishlaydi?	Wo arbeitet Ihr Vater?

Dars ertaga boshlanadi.	Der Unterricht beginnt morgen.
Dars **qachon** boshlanadi?	Wann beginnt der Unterricht?

Biz bu yerda bir oy turamiz.	Wir werden einen Monat hier sein.
Siz bu yerda **qancha** turasiz?	Wie lange werden Sie hier sein?

8. Die Fragepartikel -mi

Für Fragen, die mit *ja* oder *nein* beantwortet werden, verwendet das Usbekische eine Partikel **-mi**, mit deren Hilfe jeder Aussagesatz zu einem Fragesatz wird. Innerhalb eines Satzes hat sie keinen festen Platz; sie wird stets hinter das Wort gestellt, auf dem das Gewicht der Frage liegt. Gleichzeitig zieht sie die **Betonung** auf die ihr unmittelbar vorausgehende Silbe:

Uyda edingízmi?	**Wart ihr** zu Hause?
Uydámi edingiz?	Wart ihr **zu Hause**?

Auch können durch mehrfachen Einsatz Alternativfragen zum Ausdruck gebracht werden; die Konjunktion *oder* ist in diesem Zusammenhang entbehrlich:

Bog'ingiz kattami kichikmi?	Ist euer Garten groß oder klein?
Bolalar uydami emasmi?	Sind die Kinder zu Hause oder nicht?
Mehmon keldimi kelmadimi?	Ist der Gast gekommen oder nicht?

V. Die Zahlen

Die usbekischen Zahlwörter lauten:

1	bir	10	o'n	100	(bir) yuz	1.000	(bir) ming
2	ikki	20	yigirma	200	ikki yuz	2.000	ikki ming
3	uch	30	o'ttiz	300	uch yuz	3.000	uch ming
4	to'rt	40	qirq	400	to'rt yuz	4.000	to'rt ming
5	besh	50	ellik	500	besh yuz	5.000	besh ming
6	olti	60	oltmish	600	olti yuz	6.000	olti ming
7	yetti	70	yetmish	700	yetti yuz	7.000	yetti ming
8	sakkiz	80	sakson	800	sakkiz yuz	8.000	sakkiz ming
9	to'qqiz	90	to'qson	900	to'qqiz yuz	9.000	to'qqiz ming

Zusammengesetzte Zahlen werden durch Hintereinanderstellung von Tausender-, Hunderter-, Zehner- und Einerzahlen gebildet:

22	yigirma ikki
222	ikki yuz yigirma ikki
2.222	ikki ming ikki yuz yigirma ikki
22.222	yigirma ikki ming ikki yuz yigirma ikki

Bei Aufzählungen wird an die Zahlwörter häufig das persische Zählwort **-ta** *Stück, Einheit* angefügt; bei ihrer Verwendung als Substantive erhalten die Zahlen bis zur Ziffer 7 die sogenannten Kollektivsuffixe **-ala** oder **-ov**:

Ikkita bolam bor, ikkalasi qiz.	Ich habe zwei Kinder; beide sind Mädchen.
Bitta (< birta) opam va to'rtta akam bor, beshovi ham olilali.	Ich habe eine ältere Schwester und vier ältere Brüder, alle fünf haben auch Familie.
Ikkovlaringizga sog'lik va baxt tilayman.	Ich wünsche euch Beiden Gesundheit und Glück (Hochzeit).

2. Ordinalzahlen

Zur Bildung von Ordinalzahlen tritt an die Zahlwörter das Suffix **-(i)nchi**:

birinchi	der/die erste	o'ninchi	der/die zehnte
ikkinchi	der/die zweite	yigirmanchi	der/die zwanzigste
uchinchi	der/die dritte	o'ttizinchi	der/die dreißigste
to'rtinchi	der/die vierte	qirkinchi	der/die vierzigste
beshinchi	der/die fünfte	ellikinchi	der/die fünfzigste
oltinchi	der/die sechste	oltmishinchi	der/die sechzigste
yettinchi	der/die siebte	yetmishinchi	der/die siebzigste
sakkizinchi	der/die achte	saksoninchi	der/die achtzigste
to'qqizinchi	der/die neunte	to'qsoninchi	der/die neunzigste

O'g'lingiz nechanchi sinfda?	In der wievielten Klasse ist euer Sohn?
Uchinchi sinfda.	In der dritten Klasse.

Bei Datums- und Jahresangaben werden die Zahlen als Ordinalzahlen wiedergegeben:

Bugun uchinchi May.	Heute ist der 3. Mai.
Siz nechanchi yilda tug'ilgansiz?	In welchem Jahr sind Sie geboren?
Men bir ming to'qqiz yuz yetmish yettinchi yilda tug'ilganman.	Ich bin im Jahre 1977 geboren.

3. Alter

Die Frage nach dem Alter kann auf zweierlei Art erfolgen:

Siz necha yoshdasiz?	Wie alt sind Sie?
Men yigirma yoshdaman.	Ich bin zwanzig Jahre alt.

Sizning yoshingiz nechada?	Wie alt sind Sie?
Mening yoshim yigirmada.	Ich bin zwanzig Jahre alt.

4. Die Uhrzeit

Das Wort **soat** bedeutet sowohl *Uhr* als auch *Stunde*:

| Ikki soat kutdik. | Wir haben zwei Stunden gewartet. |

Zur Angabe der Uhrzeit wird das Zahlwort prädikativ gebraucht:

	Soat necha (bo'ldi)?	Wie viel Uhr ist es (geworden)?
2:00	Soat ikki.	Es ist zwei Uhr.
2:05	Soat ikkidan besh daqiqa o'tdi oder soat ikki-yu besh.	An zwei Uhr sind fünf Minuten vorbeigegangen oder es ist zwei Uhr (und) fünf.
2:15	Soat ikkidan chorak o'tdi oder soat ikki-yu o'n besh.	An zwei Uhr ist ein Viertel vorbeigegangen oder es ist zwei Uhr (und) fünfzehn.
2:30	Soat ikki yarim oder soat ikki-yu o'ttiz.	Es ist zwei ein halb Uhr oder es ist zwei Uhr (und) dreißig.
2:45	Soat chorak kam uch oder soat uchga chorak bor oder soat ikki-yu qirq besh.	Es ist ein Viertel weniger als drei oder zu drei Uhr gibt es ein Viertel oder es ist zwei Uhr (und) fünfundvierzig.
2:55	Soat besh daqiqa kam uch oder soat uchga besh daqiqa bor oder: soat ikki-yu ellik besh.	Es sind fünf Minuten weniger als drei oder zu drei Uhr gibt es fünf Minuten oder es ist zwei Uhr (und) fünfundfünfzig.
3:00	Soat uch.	Es ist drei Uhr.

An die Stelle von **daqiqa** *Minute* können **minut** oder auch das Zählwort **-ta** (vgl. S. 26) treten:

| 2:05 | Soat ikkidan besh minut o'tdi. | An zwei Uhr sind fünf Minuten vorbeigegangen. |
| 2:05 | Soat ikkidan beshta o'tdi. | An zwei Uhr sind fünf vorbeigegangen. |

Die Uhrzeiten *halb ein Uhr tags* und *halb ein Uhr nachts* lauten:

| 12:30 | Soat kunduzgi o'n ikki yarim. | Es ist halb ein Uhr tags. |
| 0:30 | Soat tungi o'n ikki yarim. | Es ist halb ein Uhr nachts. |

Im Zusammenhang mit der Uhrzeit übernimmt das Lokativsuffix die Funktion der deutschen Präposition *um*:

Soat nechada uchrashamiz?		Um wie viel Uhr treffen wir uns?
2:00	Soat ikkida.	Um zwei Uhr.
2:05	Soat ikkidan besh dadiqa o'tganda oder soat ikki-yu beshda.	Wenn an zwei Uhr fünf Minuten vorbeigegangen sind oder um zwei Uhr (und) fünf.
2:15	Soat ikkidan chorak o'tganda oder soat ikki-yu o'n beshda.	Wenn an zwei Uhr ein Viertel vorbeigegangen ist oder um zwei Uhr (und) fünfzehn.
2:30	Soat ikki yarimda oder Soat ikki-yu o'ttizda.	Um zwei ein halb Uhr oder um zwei Uhr (und) dreißig.
2:45	Soat chorak kam uchda oder soat uchga chorak qolganda oder: Soat ikki-yu qirq beshda.	Um ein Viertel weniger als drei oder wenn bis zur drei ein Viertel bleibt oder um zwei Uhr (und) fünfundvierzig.
2:55	Soat besh daqiqa kam uchda oder uchga besh daqiqa qolganda oder soat ikki-yu ellik beshda	Um fünf Minuten weniger als drei oder wenn zur drei fünf Minuten bleiben oder um zwei Uhr (und) fünfundfünfzig.
3:00	Soat uchda.	Um drei Uhr.

Wie der Lokativ können auch der Ablativ und der Dativ zeitliche Bedeutung haben:

| Men soat sakkizdan o'n ikkiga qadar ishladim. | Ich habe von acht bis zwölf Uhr gearbeitet. |

5. Bruchzahlen

Bruchzahlen werden im Usbekischen gebildet, indem man zuerst den Nenner angibt, ihn in den Ablativ setzt, und anschließend den Zähler nennt:

3/5	beshdan uch	drei von fünf = drei Fünftel

Das gleiche Prinzip gilt auch für Dezimalangaben:

5/10	o'ndan besh	fünf von zehn = fünf Zehntel
1,5	bir butun, o'ndan besh	ein Ganzes, fünf Zehntel
1,15	bir butun, yuzdan o'n besh	ein Ganzes, fünfzehn Hundertstel

Für Prozentangaben verwendet das Usbekische das Substantiv **foiz**:

Ishning to'qsan foizini bajardik.	Wir haben 90% der Arbeit bewältigt.

6. Distributivzahlen

Zur Bildung von Distributivzahlen wird an die Zahlwörter **-tadan** angefügt:

bittadan	je 1	oltitadan	je 6
ikkitadan	je 2	yettitadan	je 7
uchtadan	je 3	sakkiztadan	je 8
to'rttadan	je 4	to'qqiztadan	je 9
beshtadan	je 5	o'ntadan	je 10

Biz har birimiz ikkitadan pivo ichdik.	Wir haben jeder zwei Bier getrunken.
Biz ikkitadan daftar va beshtadan qalam oldik.	Wir haben jeder zwei Hefte und fünf Stifte gekauft.

VI. Postpositionen

1. Postpositionen mit dem Nominativ

Die sogenannten Verhältniswörter werden im Usbekischen hinter das Nomen gestellt. Was in anderen Sprachen als **Prä**positionen bezeichnet wird, sind hier demnach **Post**positionen. Bei der Aussprache ist darauf zu achten, dass zwischen Bezugswort und Postposition keine Gesprächslücke entsteht.

Bei folgenden Postpositionen bleibt das Substantiv in seiner Grundform:

bilan *mit*:

Opam bilan gaplashdim.	Ich habe mit meiner älteren Schwester gesprochen.

Zwischen zwei Begriffe gestellt drückt **bilan** eine stärkere Gemeinsamkeit als **va** *und* aus:

O'g'lim bilan qizim kinoga borgan.	Mein Sohn und meine Tochter sind (gemeinsam) ins Kino gegangen.

Daneben erfüllt **bilan** noch folgende weitere Funktionen:

Quyosh chiqishi bilan turdik.	Wir sind **mit** Sonnenaufgang aufgestanden. = wir sind aufgestanden, **als** die Sonne aufgegangen ist.
Toshkent vaqti bilan soat o'n.	**Nach** Taschkenter Zeit ist es zehn Uhr.
Sizni tug'ilgan kuningiz bilan tabriklayman.	Ich gratuliere Ihnen **zu** Ihrem Geburtstag!
Shu yo'l bilan to'g'ri boravering!	Gehen Sie **auf** diesem Weg nur immer weiter geradeaus!
Qaysi kasallik bilan o'ldi?	**An** welcher Krankheit ist er gestorben?

kabi *(genau) wie*:

| Bu suv muz kabi sovuq. | Dieses Wasser ist kalt wie Eis. |

qadar *(in dem Maße) wie, (nach Art) wie, etwa, ungefähr*:

| Sizga mumkin qadar tez xabar beraman. | Ich gebe euch so schnell wie möglich Nachricht. |
| Shaharda ikki soat qadar bo'ldik. | Wir waren etwa 2 Stunden in der Stadt. |

orqali *mittels, per*:

| Men kitoblarni pochta orqali yubordim. | Ich habe die Bücher per Post geschickt. |

tomon, **sari** *Richtung*:

| Biz vokzal tomon yuryapmiz. | Wir gehen in Richtung Bahnhof. |

tufayli *wegen, infolge*:

| Havoning yomonligi tufayli tayyora uchmadi. | Infolge des schlechten Wetters ist das Flugzeug nicht geflogen. |

uchun *für, wegen*:

| Mehmondorchiligingiz uchun katta rahmat! | Vielen Dank für Ihre Gastfreundschaft! |

Demonstrativpronomina und Personalpronomina können im Singular vor **bilan**, **kabi** und **uchun** im Nominativ wie auch im Genitiv stehen; **bu**, **shu** und **u** stehen jedoch vor **uchun** ausschließlich im Genitiv:

Men u(ning) bilan gaplashdim.	Ich habe mit ihm gesprochen.
Buni xuddi biz(ning) kabi qil!	Mache es genau wie wir!
Iltimos, men(ing) uchun bir kilo pomidor tortib bering!	Bitte wiegen Sie für mich ein Kilo Tomaten ab!
Buning uchun siz nima talab qilasiz?	Was verlangen Sie dafür?

2. Postpositionen mit dem Genitiv

Als Entsprechung deutscher Präpositionen mit lokaler Bedeutung wie *vor*, *hinter*, *neben* etc. verwendet das Usbekische Substantive. Da sie mit einem vorausgehenden Substantiv eine Genitiv-Possessiv-Verbindung eingehen, können sie als Postpositionen mit dem Genitiv bezeichnet werden:

old	Vorderseite; vor	ora	Zwischenraum; zwischen
orqa	Rückseite; hinter	ust	Oberseite; oberhalb, auf
yon	Seite; neben, bei	ost	Unterseite; unter
qarshi	Gegenüber; gegenüber	ich	Inneres; innerhalb, in
o'rta	Mitte; inmitten	tashqari	Äußeres; außerhalb

Bola oldimizda to'xtadi.	Das Kind ist vor uns stehen geblieben.
Bola uyimizning oldida to'xtadi.	Das Kind ist vor unserem Haus stehen geblieben.
Bola uyimizning oldiga yetib keldi.	Das Kind ist vor unserem Haus angekommen.
Bola uyimizning oldidan o'tib ketdi.	Das Kind ist vor unserem Haus vorbeigegangen.

Bola oramizda to'xtadi.	Das Kind ist zwischen uns stehen geblieben.
Bola uylarimiznig orasida to'xtadi.	Das Kind ist zwischen unseren Häusern stehen geblieben.
Bola iki uyimizning orasida to'xtadi.	Das Kind ist zwischen unseren beiden Häusern stehen geblieben.

Gehen zwei Substantive voraus, wird das sie verbindende *und* durch **bilan** ausgedrückt, und nur das zweite Substantiv erhält das Genitivsuffix:

Bola maktab bilan uyimizning orasidan o'tib ketdi.	Das Kind ist zwischen der Schule und unserem Haus hindurchgegangen.
Samarqand bilan Toshkent orasidagi masofa qancha?	Wie viel beträgt die Entfernung zwischen Samarkand und Taschkent?

3. Postpositionen mit dem Dativ

Folgende Postpositionen regieren den Dativ:

ko'ra *gemäß, zufolge*:

| Mavjut hujjatlarga ko'ra bu bino Timur saltanati davrida qurilgan. | Den vorhandenen Dokumenten zufolge wurde dieses Gebäude zur Zeit der Herrschaft Timurs errichtet. |

qadar (räumlich und zeitlich) *bis:*

| Buxoroga qadar necha kilometr? | Wie viele Kilometer sind es bis Buchara? |
| Men soat sakkizdan o'n ikkiga qadar ishladim. | Ich habe von acht bis zwölf Uhr gearbeitet. |

qarab *mit Blick auf, in Richtung*:

| Otam menga qarab keldi. | Mein Vater ist auf mich zugekommen. |

qaraganda *mit Blick auf, im Vergleich, gemäß*:

| Toshkent Samarqandga qaraganda kattaroq. | Taschkent ist mit Blick auf/im Vergleich zu Samarkand größer = Taschkent ist größer als Samarkand. |

qaramay, qaramasdan *ungeachtet, trotz*:

| Kech paytiga qaramay/qaramasdan ishimizni davom ettirdik. | Trotz der späten Stunde haben wir unsere Arbeit fortgesetzt. |

qarshi *entgegen, gegen*:

| Bosh og'rig'iga qarshi doringiz bormi? | Haben Sie ein Medikament gegen Kopfschmerzen? |

4. Postpositionen mit dem Ablativ

Den Ablativ regieren folgende Postpositionen:

die Synonyme **avval, burun, ilgari, oldin** *vorher, davor, früher (als), vor*:

| Bayramdan oldin Toshkentga keldim. | Ich bin vor dem Fest nach Taschkent gekommen. |

keyin, so'ng *nachher, danach, später (als), nach*:

| Bayramdan keyin Toshkentga keldim. | Ich bin nach dem Fest nach Taschkent gekommen. |

Zeitangaben werden zwischen Bezugswort und Postpositionen gestellt:

| Bayramdan uch kun oldin Toshkentga keldim. | Ich bin drei Tage vor dem Fest nach Taschkent gekommen. |
| Bayramdan uch kun keyin Toshkentga keldim. | Ich bin drei Tage nach dem Fest nach Taschkent gekommen. |

beri, buyon *seit*:

| Bir soatdan beri Sizni kutyapman. | Ich warte seit einer Stunde auf euch. |

boshlab *angefangen von, von ... an*:

| Birinchi Sentyabrdan boshlab bu firmada ishlayman. | Ich werde ab dem 1. September in dieser Firma arbeiten. |

boshqa, tashqari *anderer (als), abgesehen von, außer*:

| Bizdan boshqa uyda hech kim yo'q. | Außer uns ist niemand zu Hause. |

ko'ra (komparativ) *als*:

| Samarqanddan ko'ra Toshkent kattaroq. | Taschkent ist größer als Samarkand. |

VII. Das Hilfsverb *sein* sowie **bor** und **yo'q**

1. Das Präsens

Das Hilfsverb *sein* besitzt im Usbekischen nur eine geringe Anzahl eigener Formen. Für die 1. und 2. Personen des Präsens verwendet es Suffixe, die aus nachgestellten Personalpronomina entstanden sind und unbetont bleiben. Die in der Schriftsprache gelegentlich verwendete Endung **-dir**, beim Vollverb in den 3. Personen **-di** oder **-ti**, ist ein Relikt des Verbs **turmoq** *stehen, leben, wohnen*:

Prädikatsnomen	Negation	Fragepartikel	präsentische	Personalendungen
band	emas	-mi	-(dir)man	ich bin
o'quvchi			-(dir)san	du bist
uyda			-(dir)	er/sie ist
			-(dir)miz	wir sind
			-(dir)siz	ihr seid/Sie sind
			-(dir)lar	sie sind

Steht das Subjekt im Plural, kann das Pluralsuffix in der 3. Person entfallen:

bandman	ich bin beschäftigt
bandsan	du bist beschäftigt
u band	er/sie ist beschäftigt
bandmiz	wir sind beschäftigt
bandsiz	ihr seid/Sie sind beschäftigt
ular band	sie sind beschäftigt

Die Verneinung erfolgt durch das Wort **emas** *nicht*:

band emasman	ich bin nicht beschäftigt
band emassan	du bist nicht beschäftigt
u band emas	er/sie ist nicht beschäftigt
band emasmiz	wir sind nicht beschäftigt
band emassiz	ihr seid/Sie sind nicht beschäftigt
ular band emas	sie sind nicht beschäftigt

bandmisan?	bist du beschäftigt?
u bandmi?	ist er/sie beschäftigt?
bandmisiz?	seid ihr/sind Sie beschäftigt?
ular bandmi?	sind sie beschäftigt?

band emasmisan?	bist du nicht beschäftigt?
u band emasmi?	ist er/sie nicht beschäftigt?
band emasmisiz?	seid ihr/sind Sie nicht beschäftigt?
ular band emasmi?	sind sie nicht beschäftigt?

Das Präsens von **bor** *vorhanden* und **yo'q** *nicht vorhanden* lautet:

Uyda choy bor.	Zu Hause ist Tee vorhanden = zu Hause gibt es Tee.
Uyda choy yo'q.	Zu Hause ist Tee nicht vorhanden = zu Hause gibt es keinen Tee.

Das Usbekische besitzt ein Hilfsverb *sein* auf der Basis eines sogenannten defekten Verbstamms **e-**. Dieser Verbstamm tritt im heutigen Usbekisch nur in einigen wenigen Formen (**emas, edi, esa, ekan, emish**) auf. In der gesprochenen Sprache werden sie häufig wie Suffixe behandelt und verlieren dabei das **e** ihres ursprünglichen Verbstamms.

Für alle übrigen Formen – im Rahmen der finiten Verbformen sind dies vor allem die Imperative, der Optativ, das Präsens-Futur sowie der Konditional – verwendet das Usbekische das Verb **bo'lmoq** *werden*, das dann auch die Bedeutung *sein* und *vorhanden sein* erhält (vgl. hierzu Kap. VIII sowie die Übersicht über die usbekischen Verbformen im Anhang, S. 118).

Ehtiyot bol!	Sei vorsichtig!
Soat o'nda uyda bo'laylik.	Lasst uns um zehn Uhr zu Hause sein.
Men yarim soatdan keyin uyda bo'laman.	Ich werde in einer halben Stunde zu Hause sein.
Ovqatingiz uchun katta rahmat, bu juda mazali bo'libdi.	Vielen Dank für Ihr Essen, es war sehr lecker.
Ertaga havo yaxshi bo'lsa shaharga boramiz.	Wenn das Wetter morgen gut ist, gehen wir in die Stadt.

2. Das Perfekt

Zur Bildung des Perfekts werden die perfektischen Personalendungen (vgl. S. 54) direkt an den defekten Verbstamm **e-** angefügt; dabei haben die Formen auch die Bedeutung eines Präteritums:

Prädikatsnomen	Negation	Perfektformen	Fragepartikel
band	emas	edim	-mi
o'quvchi		eding	
uyda		edi	
		edik	
		edingiz	
		edilar	

band edim	ich war beschäftigt
band eding	du warst beschäftigt
u band edi	er/sie war beschäftigt
band edik	wir waren beschäftigt
band edingiz	ihr wart/Sie waren beschäftigt
ular band edi	sie waren beschäftigt

band emas edim	ich war nicht beschäftigt
band emas eding	du warst nicht beschäftigt
u band emas edi	er/sie war nicht beschäftigt
band emas edik	wir waren nicht beschäftigt
band emas edingiz	ihr wart/Sie waren nicht beschäftigt
ular band emas edi	sie waren nicht beschäftigt

band edingmi?	warst du beschäftigt?
u band edimi?	war er/sie beschäftigt?
band edingizmi?	wart ihr/waren Sie beschäftigt?
ular band edimi?	waren sie beschäftigt?

band emas edingmi?	warst du nicht beschäftigt?
u band emas edimi?	war er/sie nicht beschäftigt?
band emas edingizmi?	wart ihr/waren Sie nicht beschäftigt?
ular band emas edimi?	waren sie nicht beschäftigt?

Hat sich die Handlung über einen längeren Zeitraum erstreckt, tritt das Perfekt des Verbs **bo'lmoq** an die Stelle des Hilfsverbs:

| Men ikki oy Samarqandda bo'ldim. | Ich war zwei Monate in Samarkand. |

Das Perfekt bzw. Präteritum von **bor** und **yo'q** lautet:

| Uyda choy bor edi. | Zu Hause war Tee vorhanden = zu Hause gab es Tee. |
| Uyda choy yo'q edi. | Zu Hause war Tee nicht vorhanden = zu Hause gab es keinen Tee. |

3. Die Form **esa**

Lösgelöst von ihrer ursprünglichen konditionalen Bedeutung (vgl. S. 64) dient die Form **esa** als adversative Satzverbindung im Sinne von *was ... betrifft, hingegen*:

| O'g'limiz muhandis, qizimiz doktor. | Unser Sohn ist Ingenieur, unsere Tochter Ärztin. |
| O'g'limiz muhandis, qizimiz **esa** doktor. | Unser Sohn ist Ingenieur, unsere Tochter **hingegen** Ärztin. |

4. Die Form **ekan**

Die Form **ekan** ist das Partizip Perfekt des Hilfsverbs *sein* (vgl. S. 77), das in Märchen und Erzählungen noch seine ursprüngliche perfektische Bedeutung besitzt:

| Bir bor ekan, bir yo'q ekan, o'tgan zamonda bir podsho bor ekan. Uning chiroyli bir qizi bo'lib, ismi Mehrinigor ekan. Mehrinigor ko'p vaqtini ovda o'tkazar ekan. | Es war einmal, es war einmal nicht in vergangener Zeit ein Padischah. Er hatte eine schöne Tochter, die Mehrinigor hieß. Mehrinigor pflegte viel Zeit auf der Jagd zu verbringen. |

In seinem prädikativen Gebrauch ist dieses Partizip in der heutigen Umgangssprache mit der gleichlautenden Dubitativpartikel **ekan** verschmolzen und drückt nun keine bestimmte Zeit mehr aus, sondern verleiht der Aussage einen unbestimmten Charakter im Sinne von *wohl, offenbar, offensichtlich*:

Prädikatsnomen	Negation	Fragepartikel		Präsentische Personalendungen
band	emas	-mi	ekan	-man
o'quvchi				-san
uyda				---
				-miz
				-siz
				---

band ekanman	ich bin wohl beschäftigt
band ekansan	du bist wohl beschäftigt
u band ekan	er/sie ist wohl beschäftigt
band ekanmiz	wir sind wohl beschäftigt
band ekansiz	ihr seid/Sie sind wohl beschäftigt
ular band ekan	sie sind wohl beschäftigt

band emas ekanman	ich bin wohl nicht beschäftigt
band emas ekansiz	du bist wohl nicht beschäftigt
u band emas ekan	er/sie ist wohl nicht beschäftigt
band emas ekanmiz	wir sind wohl nicht beschäftigt
band emas ekansiz	ihr seid/Sie sind wohl nicht beschäftigt
ular band emas ekan	sie sind wohl nicht beschäftigt

u bandmi ekan?	ob er/sie wohl beschäftigt ist?
ular bandmi ekan?	ob sie wohl beschäftigt sind?

u band emasmi ekan?	ob er/sie wohl nicht beschäftigt ist?
ular band emasmi ekan?	ob sie wohl nicht beschäftigt sind?

5. Die Form **emish**

Auch **emish** bringt zum Ausdruck, dass man nicht Augenzeuge des Geschehens ist oder war. Anders als bei **ekan** jedoch macht der Sprecher durch diese Form deutlich, dass er erhebliche Zweifel an der Richtigkeit der gemachten Aussage hat:

Prädikatsnomen	Negation	Fragepartikel		Präsentische Personalendungen
band	emas	-mi	emish	-man
o'quvchi				-san
uyda				---
				-miz
				-siz
				---

band emishman	ich soll angeblich beschäftigt sein
band emishsan	du sollst angeblich beschäftigt sein
u band emish	er/sie soll angeblich beschäftigt sein
band emishmiz	wir sollen angeblich beschäftigt sein
band emishsiz	ihr sollt/Sie sollen angeblich beschäftigt sein
ular band emish	sie sollen angeblich beschäftigt sein

band emas emishman	ich soll nicht beschäftigt sein
band emas emishsiz	du sollst nicht beschäftigt sein
u band emas emish	er/sie soll nicht beschäftigt sein
band emas emishmiz	wir sollen nicht beschäftigt sein
band emas emishsiz	ihr sollt/Sie sollen nicht beschäftigt sein
ular band emas emish	sie sollen nicht beschäftigt sein

u bandmi emish?	er/sie soll beschäftigt sein?
ular bandmi emish?	sie sollen beschäftigt sein?

u band emasmi emish?	er/sie soll nicht beschäftigt sein?
ular band emasmi emish?	sie sollen nicht beschäftigt sein?

Zur Bildung der jeweiligen Perfektformen können sowohl **ekan** als auch **emish** anstelle der präsentischen Personalendungen die Perfektendungen erhalten:

Prädikatsnomen	Negation		Perfektformen
band	emas	ekan	edim
o'qituvchi		emish	eding
uyda			edi
			edik
			edingiz
			edilar

band ekan edim	ich war wohl beschäftigt
band ekan eding	du warst wohl beschäftigt
u band ekan edi	er/sie war wohl beschäftigt
band ekan edik	wir waren wohl beschäftigt
band ekan edingiz	ihr wart/Sie waren wohl beschäftigt
ular band ekan edi	sie waren wohl beschäftigt

band emish edim	ich soll beschäftigt gewesen sein
band emish eding	du sollst beschäftigt gewesen sein
u band emish edi	er/sie soll beschäftigt gewesen sein
band emish edik	wir sollen beschäftigt gewesen sein
band emish edingiz	ihr sollt/Sie sollen beschäftigt gewesen sein
ular band emish edi	sie sollen beschäftigt gewesen sein

Die jeweiligen Formen von **bor** und **yo'q** lauten:

Uyda choy bor ekan.	Zu Hause scheint es Tee zu geben.
Uyda choy yo'q ekan.	Zu Hause gibt es wohl keinen Tee.

Uyda choy bor emish.	Angeblich soll es zu Hause Tee geben.
Uyda choy yo'q emish.	Angeblich soll es zu Hause keinen Tee geben.

VIII. Zeiten und Modi des Vollverbs

1. Der Infinitiv auf **-moq**

Der Infinitiv des usbekischen Vollverbs setzt sich zusammen aus Verbstamm und Infinitivendung. Die Infinitivendung lautet **-moq**:

| yozmoq | schreiben | o'qimoq | lesen |

Die Verneinung im Zusammenhang mit dem Vollverb wird durch ein Suffix **-ma** wiedergegeben, das sich direkt an den Verbstamm anschließt und wie die Fragepartikel die Betonung direkt auf die vorausgehende Silbe zieht:

| yózmamoq | nicht schreiben | o'qímamoq | nicht lesen |

Zur Bildung der einzelnen finiten Formen des Vollverbs schließt sich an Verbstamm und ggfs. Verneinungssilbe derjenige Bestandteil an, der einen bestimmten zeitlichen oder modalen Aspekt beinhaltet; er wird im Folgenden als Themasuffix bezeichnet. Ein Teil der auf diese Art entstandenen Formen (**-moqda, -moqchi, -gan, -adigan/-ydigan, -ar/-mas**, vgl. Kap. IX) sind Partizipien, die an dieser Stelle als Prädikatsnomina dienen und zur Bezeichnung der einzelnen Personen Personalendungen erhalten:

... man	ich bin einer, der ...	
yozmoqda ...	... am Schreiben ist	= ich schreibe gerade
yozmoqchi ...	... schreiben möchte	= ich möchte schreiben
yozgan ...	... geschrieben hat	= ich habe geschrieben
yozadigan ...	... schreiben wird	= ich sollte/werde schreiben
yozar ...	... vielleicht schreiben wird	= ich werde vielleicht schreiben

In ihrem Fall steht die Fragepartikel meist vor den Personalendungen; in der 3. Person Plural jedoch wird sie nachgestellt. Die Negation kann je nach Gewichtung – ausgenommen das Partizip auf **-(a)r/-mas** – durch **emas** oder auch durch **-ma** erfolgen.

2. Präsensformen

a) Das Präsens auf **-yap** (vgl. S. 45)

Dieses Präsens drückt die sich gerade vollziehende Handlung bzw. die gegenwärtige Situation aus. Es ist die in der Umgangssprache am häufigsten verwendete Präsensform:

Nima qilyapsiz?	Was macht ihr?
Ishlayapmiz.	Wir arbeiten.
Qayerda turyapsiz?	Wo wohnen Sie?
Men Samarqandda turyapman.	Ich wohne in Samarkand.

b) Das Präsens auf **-(a)yotir** (vgl. S. 46)

Diese Präsensform hebt den gegenwärtigen Augenblick besonders hervor:

Qayerdan kelayotirsiz?	Wo kommt ihr denn jetzt her?
Kinodan kelayotirmiz.	Wir kommen gerade aus dem Kino.
Kecha kechqurundan beri yomg'ir yog'ayotir.	Es regnet jetzt schon seit gestern Abend.

c) Das Präsens auf **-moqda** (vgl. S. 47)

Der Lokativ des Infinitivs auf **-moq** drückt eine Handlung aus, die sich mit zeitlichen Unterbrechungen in der Gegenwart vollzieht. Diese Form findet vor allem in der Nachrichten- und Zeitungssprache Verwendung, daher begegnet man ihr vor allem in der bejahten Form:

Hukumat yangi maktablar qurmoqda.	Die Regierung ist dabei, neue Schulen zu errichten.
Poyezd bir soatga kechikmoqda.	Der Zug ist im Begriff, sich bis zu einer Stunde zu verspäten.
Talabalar paxta termoqda.	Die Studenten sind dabei, Baumwolle zu pflücken.
Ish axtarmoqdaman.	Ich bin dabei, eine Arbeit zu suchen.

a) Das Präsens auf **-yap**

Verbstamm	Negation	Themasuffix	Präsentische Personalendungen	Fragepartikel
yoz-	-ma	-yap	-man	-mi
o'qi-			-san	
			-ti	
			-miz	
			-siz	
			-tilar	

yozyapman	ich schreibe
yozyapsan	du schreibst
yozyapti	er/sie schreibt
yozyapmiz	wir schreiben
yozyapsiz	ihr schreibt/Sie schreiben
yozyaptilar	sie schreiben

yozmayapman	ich schreibe nicht
yozmayapsan	du schreibst nicht
yozmayapti	er/sie schreibt nicht
yozmayapmiz	wir schreiben nicht
yozmayapsiz	ihr schreibt/Sie schreiben nicht
yozmayaptilar	sie schreiben nicht

yozyapsanmi?	schreibst du?
yozyaptimi?	schreibt er/sie?
yozyapsizmi?	schreibt ihr/schreiben Sie?
yozyaptilarmi?	schreiben sie?

yozmayapsanmi?	schreibst du nicht?
yozmayaptimi?	schreibt er/sie nicht?
yozmayapsizmi?	schreibt ihr/schreiben Sie nicht?
yozmayaptilarmi?	schreiben sie nicht?

Die Formen der Verbstämme auf Vokal lauten:

o'qiyapman	ich lese
o'qimayapman	ich lese nicht

b) Das Präsens auf -(a)yotir

Verbstamm	Negation	Themasuffix	Präsentische Personalendungen	Fragepartikel
yoz-	-ma	-(a)yotir	-man	-mi
o'qi-			-san	

			-miz	
			-siz	
			-lar	

yozayotirman	ich schreibe gerade
yozayotirsan	du schreibst gerade
yozayotir	er/sie schreibt gerade
yozayotirmiz	wir schreiben gerade
yozayotirsiz	ihr schreibt/Sie schreiben gerade
yozayotirlar	sie schreiben gerade

yozmayotirman	ich schreibe gerade nicht
yozmayotirsan	du schreibst gerade nicht
yozmayotir	er/sie schreibt gerade nicht
yozmayotirmiz	wir schreiben gerade nicht
yozmayotirsiz	ihr schreibt/Sie schreiben gerade nicht
yozmayotirlar	sie schreiben gerade nicht

yozayotirsanmi?	schreibst du gerade?
yozayotirmi?	schreibt er/sie gerade?
yozayotirsizmi?	schreibt ihr/schreiben Sie gerade?
yozayotirlarmi?	schreiben sie gerade?

yozmayotirsanmi?	schreibst du gerade nicht?
yozmayotirmi?	schreibt er/sie gerade nicht?
yozmayotirsizmi?	schreibt ihr/schreiben Sie gerade nicht?
yozmayotirlarmi?	schreiben sie gerade nicht?

Die Formen der Verbstämme auf Vokal lauten:

o'qiyotirman	ich lese gerade
o'qimayotirman	ich lese gerade nicht

c) Das Präsens auf **-moqda**

Partizip		Negation	Fragepartikel	Präsentische Personalendungen	
yoz-	-moqda	emas	-mi	-man	
o'qi-				-san	

				-miz	
				-siz	
			---	-lar	-mi

yozmoqdaman	ich bin am Schreiben
yozmoqdasan	du bist am Schreiben
yozmoqda	er/sie ist am Schreiben
yozmoqdamiz	wir sind am Schreiben
yozmoqdasiz	ihr seid/Sie sind am Schreiben
yozmoqdalar	sie sind am Schreiben

yozmoqda emasman	ich bin nicht am Schreiben
yozmoqda emassan	du bist nicht am Schreiben
yozmoqda emas	er/sie ist nicht am Schreiben
yozmoqda emasmiz	wir sind nicht am Schreiben
yozmoqda emassiz	ihr seid/Sie sind nicht am Schreiben
yozmoqda emaslar	sie sind nicht am Schreiben

yozmoqdamisan?	bist du am Schreiben?
yozmoqdami?	ist er/sie am Schreiben?
yozmoqdamisiz?	seid ihr/sind Sie am Schreiben?
yozmoqdalarmi?	sind sie am Schreiben?

yozmoqda emasmisan?	bist du nicht am Schreiben?
yozmoqda emasmi?	ist er/sie nicht am Schreiben?
yozmoqda emasmisiz?	seid ihr/sind Sie nicht am Schreiben?
yozmoqda emaslarmi?	sind sie nicht am Schreiben?

Die Formen der Verbstämme auf Vokal lauten:

o'qimoqdaman	ich bin am Lesen
o'qimoqda emasman	ich bin nicht am Lesen

3. Präsens-Futur-Formen

a) Das Präsens-Futur auf **-a/-y** (vgl. S. 49)

Durch diese Form wird eine Tätigkeit ausgedrückt, die man gewohnheitsmäßig ausübt, grundsätzlich auszuüben bereit ist oder in der Zukunft ausüben wird. Es ist das am häufigstern verwendete Präsens-Futur:

Biz har kuni bozorga boramiz.	Wir gehen jeden Tag auf den Markt.
Biz ertaga bozorga boramiz.	Wir werden morgen auf den Markt gehen.

b) Die Form auf **-moqchi** (vgl. S. 50)

Erweitert man den Infinitiv auf **-moq** um das Suffix **-chi** (vgl. S. 100), wird eine Person bezeichnet, die eine Handlung beabsichtigt oder wünscht:

Toshkentga bormoqchiman.	Ich möchte nach Taschkent fahren.
Eski mashinamni sotmoqchiman.	Ich habe vor, mein altes Auto zu verkaufen.

c) Die Form auf **-adigan/-ydigan** (vgl. S. 51)

Prädikativ gebraucht drückt dieses Partizip (vgl. S. 82) eine Handlung aus, die infolge Notwendigkeit oder Absicht in der Zukunft eintreten wird:

Bozorga borib meva va sabzavot sotib oladiganman.	Ich sollte/werde auf den Markt gehen und Obst und Gemüse kaufen.

d) Das Präsens-Futur auf **-(a)r/-mas** (vgl. S. 52)

Dieses Partizip gibt eine Handlung wieder, die in der Zukunft möglicherweise eintreten bzw. nicht eintreten wird. Daneben kann die negierte Form auch eine kategorische Verneinung ausdrücken:

Ertaga yomg'ir yog'ar.	Vielleicht regnet es morgen.
Ertaga yomg'ir yog'mas.	Morgen regnet es sehr wahrscheinlich/bestimmt nicht.

a) Das Präsens-Futur auf **-a/-y**

Verbstamm	Negation	Themasuffix	Präsentische Personalendungen	Fragepartikel
yoz-	-ma	nach Kons. -a	-man	-mi
o'qi-		nach Vokal -y	-san	
			-di	
			-miz	
			-siz	
			-dilar	

yozaman	ich schreibe/ich werde schreiben
yozasan	du schreibst/du wirst schreiben
yozadi	er/sie schreibt/er/sie wird schreiben
yozamiz	wir schreiben/wir werden schreiben
yozasiz	ihr schreibt/ihr werdet schreiben/ Sie schreiben/Sie werden schreiben
yozadilar	sie schreiben/sie werden schreiben

yozmayman	ich werde nicht schreiben
yozmaysan	du wirst nicht schreiben
yozmaydi	er/sie wird nicht schreiben
yozmaymiz	wir werden nicht schreiben
yozmaysiz	ihr werdet nicht schreiben/ Sie werden nicht schreiben
yozmaydilar	sie werden nicht schreiben

yozasanmi?	schreibst du/wirst du schreiben?
yozadimi?	schreibt er/sie/wird er/sie schreiben?
yozasizmi?	schreibt ihr/werdet ihr schreiben?/ schreiben Sie/werden Sie schreiben?
yozadilarmi?	schreiben sie/werden sie schreiben

yozmaysanmi?	wirst du nicht schreiben?
yozmaydimi?	wird er/sie nicht schreiben?
yozmaysizmi?	werdet ihr nicht schreiben?
yozmaydilarmi?	werden sie nicht schreiben?

Die Formen der Verbstämme auf Vokal lauten:

o'qiyman	ich lese/werde lesen
o'qimayman	ich lese nicht/werde nicht lesen

b) Die Form auf **-moqchi**

Partizip		Negation	Fragepartikel	Präsentische Personalendungen	
yoz-	-moqchi	emas	-mi	-man	
o'qi-				-san	

				-miz	
				-siz	
			---	-lar	-mi

yozmoqchiman	ich möchte schreiben
yozmoqchisan	du möchtest schreiben
yozmoqchi	er/sie möchte schreiben
yozmoqchimiz	wir möchten schreiben
yozmoqchisiz	ihr möchtet/Sie möchten schreiben
yozmoqchilar	sie möchten schreiben

yozmoqchi emasman	ich möchte nicht schreiben
yozmoqchi emassan	du möchtest nicht schreiben
yozmoqchi emas	er/sie möchte nicht schreiben
yozmoqchi emasmiz	wir möchten nicht schreiben
yozmoqchi emassiz	ihr möchtet/Sie möchten nicht schreiben
yozmoqchi emaslar	sie möchten nicht schreiben

yozmoqchimisan?	möchtest du schreiben?
yozmoqchimi?	möchte er/sie schreiben?
yozmoqchimisiz?	möchtet ihr/möchten Sie schreiben?
yozmoqchilarmi?	möchten sie schreiben?

yozmoqchi emasmisan?	möchtest du nicht schreiben?
yozmoqchi emasmi?	möchte er/sie nicht schreiben?
yozmoqchi emasmisiz?	möchtet ihr/möchten Sie nicht schreiben?
yozmoqchi emaslarmi?	möchten sie nicht schreiben?

Die Formen der Verbstämme auf Vokal lauten:

o'qimoqchiman	ich möchte lesen
o'qimoqchi emasman	ich möchte nicht lesen

c) Die Form auf **-adigan/-ydigan**

Partizip		Negation	Fragepartikel	Präsentische Personalendungen	
yoz-	-adigan	emas	-mi	-man	
o'qi-	-ydigan			-san	

				-miz	
				-siz	
			-mi	-lar	-mi

yozadiganman	ich sollte schreiben
yozadigansan	du solltest schreiben
yozadigan	er/sie sollte schreiben
yozadiganmiz	wir sollten schreiben
yozadigansiz	ihr solltet/Sie sollten schreiben
yozadiganlar	sie sollten schreiben

yozadigan emasman	ich sollte nicht schreiben
yozadigan emassan	du solltest nicht schreiben
yozadigan emas	er/sie sollte nicht schreiben
yozadigan emasmiz	wir sollten nicht schreiben
yozadigan emassiz	ihr solltet/Sie sollten nicht schreiben
yozadigan emaslar	sie sollten nicht schreiben

yozadiganmisan?	solltest/wirst du schreiben?
yozadiganmi?	sollte/wird er/sie schreiben?
yozadiganmisiz?	solltet/werdet ihr/ sollten/werden Sie schreiben?
yozadiganlarmi?	sollten/werden sie schreiben?

yozadigan emasmisan?	solltest/wirst du nicht schreiben?
yozadigan emasmi?	sollte/wird er/sie nicht schreiben?
yozadigan emasmisiz?	solltet/werdet ihr/ sollten/werden Sie nicht schreiben?
yozadigan emaslarmi?	sollten/werden sie nicht schreiben?

Die Formen der Verbstämme auf Vokal lauten:

o'qiydiganman	ich sollte lesen
o'qiydigan emasman	ich sollte nicht lesen

d) Das Präsens-Futur auf -(a)r/-mas

Partizip		Fragepartikel	Präsentische Personalendungen	
yoz-	-(a)r/-mas	-mi	-man	
o'qi-			-san	

			-miz	
			-siz	
		---	-lar	-mi

yozarman	ich werde vielleicht schreiben
yozarsan	du wirst vielleicht schreiben
yozar	er/sie wird vielleicht schreiben
yozarmiz	wir werden vielleicht schreiben
yozarsiz	ihr werdet/Sie werden vielleicht schreiben
yozarlar	sie werden vielleicht schreiben

yozmasman	ich schreibe ganz sicher nicht
yozmassan	du schreibst ganz sicher nicht
yozmas	er/sie schreibt ganz sicher nicht
yozmasmiz	wir schreiben ganz sicher nicht
yozmassiz	ihr schreibt/Sie schreiben ganz sicher nicht
yozmaslar	sie schreiben ganz sicher nicht

yozarmisan?	wirst du vielleicht schreiben?
yozarmi?	wird er vielleicht schreiben?
yozarmisiz?	werdet ihr/werden Sie vielleicht schreiben?
yozarlar mi?	werden sie vielleicht schreiben?

yozmasmisan?	schreibst du überhaupt nicht?
yozmasmi?	schreibt er/sie überhaupt nicht?
yozmasmisiz?	schreibt ihr/Schreiben Sie überhaupt nicht?
yozmaslarmi?	schreiben sie überhaupt nicht?

Die Formen der Verbstämme auf Vokal lauten:

o'qirman	ich werde vielleicht lesen
o'qimasman	ich lese ganz sicher nicht

4. Perfektformen

a) Das Perfekt auf **-di** (vgl. S. 54)

Diese Zeitform entspricht dem deutschen Perfekt, d.h. die beschriebene Handlung wurde durchgeführt und zu einem Abschluss gebracht. Das Themasuffix lautet **-d**. Die Personen werden hier mit einer einzigen Abweichung durch Possessivsuffixe ausgedrückt, die mit dem Themasuffix eine Einheit bilden – sie werden im Folgenden als perfektische Personalendungen bezeichnet –, so dass die Fragepartikel an letzter Stelle steht:

| Kecha nima qildingiz? | Was haben Sie gestern gemacht? |
| Avval nonushta qildim, va so'ng xarid qilishga bordim. | Erst habe ich gefrühstückt, und dann bin ich Einkaufen gegangen. |

b) Das Perfekt auf **-gan** (vgl. S. 55)

Das Partizip Perfekt auf **-gan** (vgl. S. 78) drückt als Prädikatsnomen eine Tätigkeit aus, die entweder in weit zurückliegender Zeit stattgefunden hat, so dass der Sprecher nur mittelbare Kenntnis darüber besitzt, oder aber sich vor nicht allzu langer Zeit ereignet hat und noch bis in die Gegenwart nachwirkt:

| Uylanganmisiz? | Sind Sie verheiratet? |
| Yo'q, uylangan **emas**man; men uylan**magan**man. | Nein, ich bin **nicht** verheiratet; ich bin **un**verheiratet. |

c) Das Perfekt auf **-(i)b** (vgl. S. 56)

Bei dieser Zeitform, die vor allem in Märchen anzutreffen ist, macht der Sprecher deutlich, dass er nicht Augenzeuge des Geschehens war:

Xush kelibsiz!	Sie sind willkommen!
Biz kech qolibmiz.	Wir haben uns wohl verspätet.
Soatim to'xtab qolibdi.	Meine Uhr ist stehen geblieben.

a) Das Perfekt auf **-di**

Verbstamm	Negation	Perfektische Personalendungen	Fragepartikel
yoz-	-ma	-dim	-mi
o'qi-		-ding	
		-di	
		-di**k**	
		-dingiz	
		-dilar	

yozdim	ich habe geschrieben
yozding	du hast geschrieben
yozdi	er/sie hat geschrieben
yozdik	wir haben geschrieben
yozdingiz	ihr habt/Sie haben geschrieben
yozdilar	sie haben geschrieben

yozmadim	ich habe nicht geschrieben
yozmading	du hast nicht geschrieben
yozmadi	er/sie hat nicht geschrieben
yozmadik	wir haben nicht geschrieben
yozmadingiz	ihr habt/Sie haben nicht geschrieben
yozmadilar	sie haben nicht geschrieben

yozding mi?	hast du geschrieben?
yozdimi?	hat er/sie geschrieben?
yozdingizmi?	habt ihr/haben Sie geschrieben?
yozdilarmi?	haben sie geschrieben?

yozmadingmi?	hast du nicht geschrieben?
yozmadi mi?	hat er/sie nicht geschrieben?
yozmadingiz mi?	habt ihr/haben Sie nicht geschrieben?
yozmadilar mi?	haben sie nicht geschrieben?

Die Formen der Verbstämme auf Vokal lauten:

o'qidim	ich habe gelesen
o'qimadim	ich habe nicht gelesen

b) Das Perfekt auf **-gan**

Partizip		Negation	Fragepartikel	Präsentische Personalendungen	
yoz-	-gan	emas	-mi	-man	
o'qi-				-san	

				-miz	
				-siz	
			---	-lar	-mi

yozganman	ich habe geschrieben
yozgansan	du hast geschrieben
yozgan	er/sie hat geschrieben
yozganmiz	wir haben geschrieben
yozgansiz	ihr habt/Sie haben geschrieben
yozganlar	sie haben geschrieben

yozgan **emas**man/ yoz**ma**ganman	ich habe nicht geschrieben
yozgan emassan/yozmagansan	du hast nicht geschrieben
yozgan emas/yozmagan	er/sie hat nicht geschrieben
yozgan emasmiz/yozmaganmiz	wir haben nicht geschrieben
yozgan emassiz/yozmagansiz	ihr habt/Sie haben nicht geschrieben
yozgan emaslar/yozmaganlar	sie haben nicht geschrieben

yozganmisan?	hast du geschrieben?
yozganmi?	hat er/sie geschrieben?
yozganmisiz?	habt ihr/haben Sie geschrieben?
yozganlarmi?	haben sie geschrieben?

yozgan emasmisan?	hast du nicht geschrieben?
yozgan emasmi?	hat er/sie nicht geschrieben?
yozgan emasmisiz?	habt ihr/haben Sie nicht geschrieben?
yozgan emaslarmi?	haben sie nicht geschrieben?

Die Formen der Verbstämme auf Vokal lauten:

o'qiganman	ich habe gelesen
o'qigan emasman/o'qimaganman	ich habe nicht gelesen

c) Das Perfekt auf -(i)b

Verbstamm	Negation	Themasuffix	Präsentische Personalendungen
yoz-	-ma	-(i)b	-man
o'qi-			-san
			-di
			-miz
			-siz
			-dilar

yozibman	ich habe wohl geschrieben
yozibsan	du hast wohl geschrieben
yozibdi	er/sie hat wohl geschrieben
yozibmiz	wir haben wohl geschrieben
yozibsiz	ihr habt/Sie haben wohl geschrieben
yoziblar	sie haben wohl geschrieben

yozmabman	ich habe wohl nicht geschrieben
yozmabsan	du hast wohl nicht geschrieben
yozmabdi	er/sie hat wohl nicht geschrieben
yozmabmiz	wir haben wohl nicht geschrieben
yozmabsiz	ihr habt/Sie haben wohl nicht geschrieben
yozmablar	sie haben wohl nicht geschrieben

Die Formen der Verbstämme auf Vokal lauten:

o'qibman	ich habe wohl gelesen
o'qimabman	ich habe wohl nicht gelesen

5. Aufforderungsformen

a) Der Imperativ der 2. Personen

Der Imperativ der 2. Person Singular ist mit dem Verbstamm identisch. Zur Bildung des Imperativs der 2. Person Plural wird an Verbstamm bzw. Verneinung das Suffix **-(i)ng**, bei mehreren Personen auch **-(i)nglar**, angefügt:

Iltimos, derazani och!	Bitte öffne das Fenster!
Iltimos, eshikni yop!	Bitte schließe die Tür!
Meni kutma!	Warte nicht auf mich!

Marhamat, kiringlar!	Bitte sehr, tretet ein!
Iltimos, biroz sekinroq gapiring!	Bitte sprechen Sie etwas langsamer!
Yaxshi qoling!	Bleiben Sie wohlbehalten (zurück)!
Yaxshi boring!	Gehen Sie wohlbehalten!

Verbstamm	Negation	Imperativendungen	
yoz-	-ma	---	2. P. Sg.
o'qi-		-(i)ng(lar)	2. P. Pl.

yoz!	schreibe!
yozma!	schreibe nicht!
yozing(lar)!	schreibt, schreiben Sie!
yozmang(lar)!	schreibt nicht, schreiben Sie nicht!

Die Formen der Verbstämme auf Vokal lauten:

o'qi !	lies!
o'qima !	lies nicht!
o'qing(lar) !	lest, lesen Sie!
o'qimang(lar) !	lest nicht, lesen Sie nicht!

b) Der Imperativ der 3. Personen

Auch für die 3. Personen kennt das Usbekische eigene Aufforderungsformen mit dem Suffix **-sin**, im Plural **-sinlar**; die deutsche Wiedergabe erfolgt durch das Hilfsverb *sollen*:

Yangi yilingiz qutlug' bo'lsin!	Möge Ihr neues Jahr glücklich sein!
Safaringiz yaxshi bo'lsin!	Gute Reise!
Chekilmasin!	Es soll/darf nicht geraucht werden!

Verbstamm	Negation	Imperativendungen		Fragepartikel
yoz-	-ma	-sin	3. P. Sg.	-mi
o'qi-		-sinlar	3. P. Pl.	

yozsin!	er/sie soll schreiben!
yozmasin!	er/sie soll nicht schreiben!
yozsinmi?	soll er/sie schreiben?
yozmasinmi?	soll er/sie nicht schreiben?

yozsinlar!	sie sollen schreiben!
yozmasinlar!	sie sollen nicht schreiben!
yozsinlarmi?	sollen sie schreiben?
yozmasinlarmi?	sollen sie nicht schreiben?

Die Formen der Verbstämme auf Vokal lauten:

o'qisin!	er/sie soll lesen!
o'qimasin!	er/sie soll nicht lesen!

o'qisinlar!	sie sollen lesen!
o'qimasinlar!	sie sollen nicht lesen!

c) Der Optativ

Der usbekische Optativ findet nur in den 1. Personen Anwendung: **-(a)y**, **-(a)ylik**. Er entspricht in etwa dem deutschen Modalverb *mögen*, in der Frageform dem Modalverb *sollen:*

Endi nima qilay?	Was soll ich jetzt tun?
Qayerda uchrashaylik?	Wo sollen wir uns treffen?
Registonda uchrashaylik!	Treffen wir uns doch am Registan!

Verbstamm	Negation	Optativendungen		Fragepartikel
yoz-	-ma	-(a)y	1. P. Sg.	-mi
o'qi-		-(a)ylik	1. P. Pl.	

yozay	lasst mich einmal schreiben
yozmay	ich schreibe lieber nicht
yozaymi?	soll ich schreiben?
yozmaymi?	soll ich nicht schreiben?

yozaylik	lasst uns schreiben
yozmaylik	lasst uns nicht schreiben
yozaylikmi?	sollen wir schreiben?
yozmaylikmi?	sollen wir nicht schreiben?

Die Formen der Verbstämme auf Vokal lauten:

o'qiy	lasst mich lesen
o'qimay	ich lese lieber nicht

o'qiylik	lasst uns lesen
o'qimaylik	lasst uns nicht lesen

6. Mit **edi, ekan** und **emish** zusammengesetzte Formen

Es ist möglich, an die fünf auf S. 43 genannten Partizipien – als sechstes kommt für das Präsens das Partizip auf **-(a)yotgan** (vgl. S. 81) hinzu – anstelle der präsentischen Personalendungen die Formen von **edi, ekan** oder **emish** anzufügen, doch gehen in der Praxis nicht alle genannten Partizipien diese Verbindung ein.

a) Mit **edi** zusammengesetzte Formen

Durch Anfügung von **edim, eding** etc. erfolgt eine Verlagerung der geschilderten Handlung in die Vergangenheit; unter anderem entstehen auf diese Art das Präteritum und das Plusquamperfekt des Vollverbs:

Akmal qayerda? Biz u bilan Registonda uchrashmoqchi edik.	Wo ist Akmal? Wir wollten uns mit ihm am Registan treffen.
„Soat birda Registonda bo'laman" degan edi-ku!	Er hatte doch gesagt, dass er um ein Uhr am Registan sein wird!

Partizipien	Negation	Perfektformen	Fragepartikel
yozmoqda	emas	edim	-mi
yozmoqchi		eding	
yozgan		edi	
yozayotgan		edik	
yozadigan		edingiz	
yozar/yozmas	---	edi(lar)	

	... edim	ich war einer, der ...	
yozmoqda ...		... am Schreiben ist	= ich war am Schreiben
yozmoqchi ...		... schreiben möchte	= ich wollte gerne schreiben
yozgan ...		... geschrieben hat	= ich hatte geschrieben
yozayotgan ...		... gerade schreibt	= ich schrieb
yozadigan ...		... schreiben wird	= hatte vor zu schreiben
yozar ...		... vielleicht schreiben wird	= ich würde schreiben

b) Mit **ekan** zusammengesetzte Formen

Durch Anfügung von **ekan** entstehen Formen der Vermutung:

Sen jo'nab ketmoqchi ekansan.	Du scheinst abreisen zu wollen.
Men yanglishgan ekanman.	Ich habe mich wohl geirrt.
Mehmonlar tez orada kelar ekan.	Die Gäste werden wohl bald kommen.

Partizipien	Negation		Präsentische Personalendungen
yozmoqda	emas	ekan	-man
yozmoqchi			-san
yozayotgan			---
yozadigan			-miz
yozgan			-siz
yozar/yozmas	---		---

... ekansan	du bist wohl einer, der ...	
yozmoqda ...	... am Schreiben ist	= du bist wohl am Schreiben
yozmoqchi ...	... schreiben möchte	= du möchtest wohl schreiben
yozgan ...	... geschrieben hat	= du hast wohl geschrieben
yozayotgan ...	... gerade schreibt	= du schreibst wohl gerade
yozadigan ...	... schreiben wird	= du wirst wohl schreiben
yozar ...	... vielleicht schreiben wird	= du wirst vielleicht schreiben

Bei Fragsätzen kann der Dubitativ durch einfaches nachgestelltes **ekan** zum Ausdruck gebracht werden, bisweilen wird es auch als Suffix **-kin** an das vorausgehende Wort angefügt:

Endi nima qilamiz ekan?	Was machen wir denn jetzt nur?
Bugun darsimiz bormikin?	Ob wir heute Unterricht haben?

Die Form **-(a)r ekan** tritt auch als Konverb auf, um Temporalsätze wiederzugeben, die im Deutschen durch *während* eingeleitet werden:

Shaharni aylanar ekan Rahimni ko'rdim.	Während ich durch die Stadt ging, sah ich Rahim.

| Ona qizi bilan xayrlashar ekan, ko'ziga yosh qalqidi. | Während die Mutter sich von ihrer Tochter verabschiedete, stiegen ihr Tränen in die Augen. |

c) Mit **emish** zusammengesetzte Formen

Verbindungen mit **emish** sind möglich, kommen aber selten vor:

| Siz uylangan emishsiz. | Es wird behauptet, Sie seien verheiratet. |

Partizipien	Negation		Präsentische Personalendungen
yozmoqda	emas	emish	-man
yozmoqchi			-san
yozayotgan			---
yozadigan			-miz
yozgan			-siz
yozar/yozmas	---		---

... emishsan	du bist angeblich einer, der ...	= angeblich ...
yozmoqda ...	... am Schreiben ist	... bist du am Schreiben
yozmoqchi ...	... schreiben möchte	... möchtest du schreiben
yozgan ...	... geschrieben hat	... hast du geschrieben
yozayotgan ...	... gerade schreibt	... schreibst du gerade
yozadigan ...	... schreiben wird	... wirst du schreiben
yozar ...	... vielleicht schreiben wird	... wirst du vielleicht schreiben

7. Mit Bildungen von **bo'lmoq** zusammengesetzte Formen

Das Usbekische besitzt eine Reihe weiterer zusammengesetzter Verbformen, denn es ist möglich, alle diejenigen Bildungen von **bo'lmoq**, in denen es das Hilfsverbs *sein* vertritt (vgl. S. 37), ebenfalls an die Partizipien eines Vollverbs anzuschließen. So wird etwa zur Bildung des Futur II das Präsens-Futur von **bo'lmoq** hinter das Partizip auf **-gan** gestellt:

Qizing Samarqandga yetib kelgan bo'ladi.	Deine Tochter wird jemand sein, der in Samarkand angekommen ist = deine Tochter wird in Samarkand angekommen sein.

Fügt man die Formen von **bo'lmoq** in seiner Bedeutung *werden* an – das ist im Bereich der finiten Verbformen vor allem das Perfekt auf **-di**, – bringt man damit das Zustandekommen der jeweiligen Handlung zum Ausdruck:

Men o'zbekcha o'rganmoqchi bo'ldim.	Ich bin einer geworden, der Usbekisch lernen möchte = ich habe beschlossen, Usbekisch zu lernen.
Men hech narsa tushunmas bo'ldim.	Ich bin einer geworden, der nichts versteht = ich verstehe nichts mehr.

8. Der reale Konditional

Zur Bildung von konditionalen Verbformen besitzt das Usbekische ein eigenes Themasuffix **-sa**, an das sich die gleichen Endungen wie beim Perfekt anschließen. Folgen diese konditionalen Personalendungen auf den Verbstamm bzw. die Verneinungssilbe, entsteht ein realer Konditional:

Siz kinoga borsangiz men ham birga boraman.	Wenn ihr ins Kino geht, gehe ich auch mit.

Verbstamm	Negation	Konditionale Personalendungen
yoz-	-ma	-sam
o'qi-		-sang
		-sa
		-sak
		-sangiz
		-salar

yozsam	wenn ich schreibe
yozsang	wenn du schreibst
yozsa	wenn er/sie schreibt
yozsak	wenn wir schreiben
yozsangiz	wenn ihr schreibt/Sie schreiben
yozsalar	wenn sie schreiben

yozmasam	wenn ich nicht schreibe
yozmasan	wenn du nicht schreibst
yozmasa	wenn er/sie nicht schreibt
yozmasak	wenn wir nicht schreiben
yozmasangiz	wenn ihr nicht schreibt/wenn Sie nicht schreiben
yozmasalar	wenn sie nicht schreiben

Die Formen der Verbstämme auf Vokal lauten:

o'qisam	wenn ich lese
o'qimasam	wenn ich nicht lese

Sehr häufig finden sich Redewendungen, bei denen **mayli** *in Ordnung, zugeneigt* oder eine Form von **bo'lmoq** *werden* das Prädikat bilden:

Derazani ochsam maylimi? Derazani ochsam bo'ladimi?	Ist es in Ordnung, wenn ich das Fenster öffne?

Fehlt der Hauptsatz, bleibt die konditionale Verbform als Vorschlag oder Bitte im Raum stehen:

Derazani ochsam ...?	Und wenn ich das Fenster öffne ...?
Derazani ochsangiz ...?	Wenn Sie vielleicht das Fenster öffnen würden ...?

Lautet das Prädikat des Satzes **kerak** *(es ist) notwendig*, wird eine Vermutung oder Schlussfolgerung zum Ausdruck gebracht:

Otang bugun ishlasa kerak.	Dein Vater dürfte heute wohl arbeiten.
Otang uyda bo'lmasa kerak.	Dein Vater dürfte wohl nicht zu Hause sein.

Folgt **ekan** auf die konditionalen Verbformen, wird ein dringender Wunsch wiedergegeben:

Bu xatni menga o'qib bersang ekan!	Wenn du mir doch nur diesen Brief vorlesen würdest!

Bisweilen kann das konditionale *wenn* auch zu einem temporalen *wenn* oder *als* werden. In einem solchen Fall enthält Hauptsatz meist ein Prädikat mit **ekan** oder dem Perfekt auf **-(i)b**:

Hushimga kelib ko'zimni ochsam, kasalxonada yotibman.	Als ich zu mir kam und die Augen öffnete, lag ich im Krankenhaus.
Eshik qo'ng'irogi bosildi. Afandi ochib qarasa, bir yigit turibdi.	Es läutete an der Tür. Als der Efendi öffnete und schaute, stand da ein junger Mann.
Hovlilariga kirsam xurrakni otib yotgan ekanlar.	Als ich in ihren Hof kam, lagen sie schnarchend da.

Vorzeitigkeit und Nachzeitigkeit sowie weitere Möglichkeiten der Differenzierung ergeben sich dadurch, dass man **bo'lsam**, **bo'lsang** etc. hinter die sechs Partizipien des Vollverbs stellt:

Agar sen qolmoqchi bo'lsang men ham qolaman.	Wenn du bleiben möchtest, bleibe ich auch.
Kitobni o'qiydigan bo'lsang uni senga beraman.	Wenn du die Absicht hast, das Buch zu lesen, gebe ich es dir.
Charchagan bo'lsang, sen qolaver!	Wenn du müde geworden bist, dann bleibe nur!

Partizip		Negation	Konditionale Personalendungen
yozmoqda	bo'l-	-ma	-sam
yozmoqchi			-sang
yozgan			-sa
yozayotgan			-sak
yozadigan			-sangiz
yozar/yozmas		---	-salar

... bo'lsam	wenn ich einer bin, der ...	= wenn ich ...
yozmoqda ...	... am Schreiben ist	... am Schreiben bin
yozmoqchi ...	... schreiben möchte	... schreiben möchte
yozgan ...	... geschrieben hat	... geschrieben habe
yozayotgan ...	... gerade schreibt	... gerade schreibe
yozadigan ...	... schreiben wird	... schreiben werde
yozar ...	... vielleicht schreiben wird	... vielleicht schreiben werde

Schließlich verwenden auch verallgemeinernde Relativsätze, die im Deutschen durch Fragewörter eingeleitet werden, im Usbekischen stets eine konditionale Verbform:

Katta karvon qaysi yo'ldan yursa, kichik karvon ham shu yo'ldan yuradi.	Welchen Weg eine große Karawane nimmt, den nimmt auch eine kleine Karawane.
Kimnin ko'ngli to'g'ri bo'lsa, uning yo'li ham to'g'ri bo'ladi.	Wessen Herz gerade (aufrichtig) ist, dessen Weg ist auch gerade.
Kim birovga chuqur qazisa, bu chuqurga o'zi yiqiladi.	Wer jemandem eine Grube gräbt, fällt selbst in diese Grube hinein.

9. Der irreale Konditional

Die Formen des irrealen Konditionals entstehen durch Anfügung von **edi** an die Formen des realen Konditionals. Das Prädikat des Hauptsatzes bildet stets eine Verbindung von **-(a)r/-mas** und **edi**:

| Siz kinoga borsangiz edi men ham birga borar edim. | Wenn ihr ins Kino gegangen wärt, wäre ich auch mitgegangen. |

Bei Verwendung von **edi** als Suffix gehen die Personalendungen auf dieses Verb über. Gleichzeitig wird das **e-** des Verbstamms zu **y**:

Siz kinoga borsaydiniz men ham birga borar edim.	Wenn ihr ins Kino gegangen wärt, wäre ich auch mitgegangen.
Agar sen qolmoqchi bo'lsaydim men ham qolar edim.	Wenn du hättest bleiben wollen, wäre ich auch geblieben.
Kitobni o'qiydigan bo'lsayding uni senga berar edim.	Wenn du die Absicht gehabt hättest, das Buch zu lesen, hätte ich es dir gegeben.
Agar biror narsa aytgan bo'lsang edi yaxshi bo'lar edi.	Es wäre gut gewesen, wenn du etwas gesagt hättest.
Shamollangan bo'lsaydim ishga bormaz edim.	Wenn ich mich erkältet hätte, wäre ich nicht zur Arbeit gegangen.
Shamollangan bo'lmasaydim ishga borar edim.	Wenn ich mich nicht erkältet hätte, wäre ich zur Arbeit gegangen.

IX. Verbalnomina

1. Das Verbalnomen auf -(i)sh

Ohne Possessivsuffixe drückt das Verbalnomen auf **-(i)sh** eine Tätigkeit in ihrer allgemeinen und personenunabhängigen Bedeutung aus und entspricht so weitgehend deutschen Nebensätzen mit dem Infinitiv mit *zu*. Je nachdem, welchen Kasus das folgende Verb regiert, kann es dekliniert und im Zusammenhang mit Postpositionen verwendet werden:

O'zbekcha o'rganish Sizga yoqadimi?	Gefällt es Ihnen, Usbekisch zu lernen?
Kirish mumkinmi?	Ist es möglich, einzutreten = darf man eintreten?
Bir-biriga yordam berish kerak.	Es ist nötig, einander zu helfen = man muss einander helfen.
Shahar markaziga qanday borish mumkin?	Wie ist es möglich, ins Stadtzentrum zu gehen = wie kommt man ins Stadtzentrum?
Shahar markaziga piyoda yurish qancha vaqt oladi?	Wie viel Zeit braucht es, zu Fuß ins Stadtzentrum zu gehen?

Bei den Verben **arzimoq** *lohnen*, **bormoq**, **ketmoq** *gehen*, **harakat qilmoq** *sich bemühen*, **kirishmoq** *sich daran begeben*, **majbur bo'lmoq** *gezwungen sein*, **muvaffak bo'lmoq** *gelingen*, **odatlanmoq** *sich daran gewöhnen*, **o'tirmoq** *sich setzen*, **ruxsat bermoq** *gestatten*, **tayor bo'lmoq** *bereit sein*, **yordam bermoq** *helfen* steht das Verbalnomen im Dativ:

Non olishga boraman.	Ich gehe Brot holen.
O'z vaqtida uyga qaytib kelishga harakat qilaman.	Ich werde mich bemühen, rechtzeitig nach Hause zurückzukommen.
Erta turishga odatlandik.	Wir haben uns daran gewöhnt, früh aufzustehen.
Sizni biznikiga taklif qilishga ruxsat bering!	Gestatten Sie (mir), Sie zu uns einzuladen!

Den Akkusativ regieren **bilmoq** *wissen*, **boshlamoq** *beginnen*, **davom etmoq** *fortfahren*, **maslahat bermoq** *empfehlen*, **o'rganmoq** *lernen*, **tamomlamoq** *beenden*, **tashlamoq** *aufhören*, **unutmoq** *vergessen*, **va'da bermoq** *versprechen*, **yaxshi ko'rmoq** *lieben*:

Suzishni bilasizmi?	Wissen Sie zu schwimmen = können Sie schwimmen?
Suzishni qachon o'rgandingiz?	Wann haben Sie gelernt zu schwimmen = wann haben Sie schwimmen gelernt?
O'qishni davom eting!	Fahrt fort zu lesen = lest weiter!
Siz bizga qaysi filmni ko'rishni maslahat berasiz?	Welchen Film empfehlen Sie uns anzusehen?
Bizga o'z vaqtida xabar berishni unutmang!	Vergesst nicht, uns rechtzeitig Nachricht zu geben!
Men chet elga sayohat qilishni yaxshi ko'raman.	Ich liebe es, ins Ausland zu reisen = ich reise gerne ins Ausland.
Do'stimiz bizni kutishni va'da qildi.	Unser Freund hat versprochen, auf uns zu warten.

Verbunden mit der Postposition **uchun** *für* entsteht ein Finalsatz, der im Deutschen mit *um zu* wiedergegeben wird. Die gleiche Bedeutung entsteht, wenn man -(i)sh mit dem Substantiv **maqsad** *Absicht* im Lokativ zu einem zusammengesetzten Substantiv verbindet:

Kitobni qaytarib berish uchun keldim.	Ich bin gekommen, um das Buch zurückzugeben.
Kitobni qaytarib berish maqsadida keldim.	Ich bin gekommen in der Absicht, das Buch zurückzugeben.

Mit Hilfe der Postposition **ko'ra** werden ähnlich den Substantiven Tätigkeiten verglichen (vgl. S. 35):

Televizor tomosha qilishdan ko'ra suhbatlashish yaxshiroq.	Es ist besser, sich zu unterhalten als fernzusehen.

Um einen Modalsatz zu bilden, der im Deutschen mit *statt zu* beginnt, verbindet sich -(i)sh mit dem Substantiv **o'rin** *Stelle, Platz* im Dativ zu einem zusammengesetzten Substantiv:

Televizor tomosha qilish o'rniga suhbatlashaylik!	Statt fernzusehen lasst uns lieber uns unterhalten!

Mit Possessivsuffixen versehen drückt das Verbalnomen auf -(i)sh eine konkrete, personenbezogene Handlung aus, die im Bereich des Präsens oder Futur liegt. Im Deutschen entsteht entweder ein substantivierter Infinitiv oder eine Nebensatzkonstruktion „die Tatsache, dass":

Kirishim mumkinmi?	Ist mein Eintreten möglich/ ist es möglich, dass ich eintrete = darf ich eintreten?
Bir-biringizga yordam berishingiz kerak.	Es ist nötig, dass ihr einander helft = ihr müsst einander helfen.
Shahar markaziga qanday borishim mumkin?	Wie ist es möglich, dass ich ins Stadtzentrum gehe = wie komme ich ins Stadtzentrum?
Shahar markaziga piyoda yurishim qancha vaqt oladi?	Wie viel Zeit braucht es, dass ich zu Fuß ins Stadtzentrum gehe = wie lange brauche ich zu Fuß ins Stadtzentrum?
Ahmadning kelishiga ishonmayman.	Ich glaube nicht, dass Ahmad kommt

Hier sind es vor allem die Verben **aytmoq** *sagen*, **bilmoq** *wissen*, **eshitmoq** *hören*, **eslamoq** *sich erinnern*, **iltimos qilmoq**, **so'ramoq** *bitten*, **istamoq** *wollen, wünschen*, **kutmoq** *erwarten*, **orzu qilmoq** *wünschen*, **umid qilmoq** *hoffen*, die im Zusammenhang mit dem Akkusativ verwendet werden. Dabei kann bei Subjektgleichheit von Haupt- und Nebenhandlung das Possessivsuffix entfallen:

Bugun kechroq kelishimizni aytdingmi?	Hast du gesagt, dass wir heute später kommen?
Bugun Buxoroga borishingizni bilmaydilarmi?	Wissen sie nicht, dass ihr heute nach Buchara fahrt?
Ertaga jo'nab ketishingizni eshitdim.	Ich habe gehört, dass ihr morgen abreisen werdet.

Bugun kinoga borishni istaymiz.	Wir wollen heute ins Kino gehen.
Bugun maktabga borishingizni istayman.	Ich will, dass ihr heute zur Schule geht.
Kelasi yili yana kelishingizni orzu qilaman.	Ich wünsche mir, dass ihr nächstes Jahr wieder kommt.
Menga yordam berishingizni iltimos qilaman/so'raman.	Ich bitte euch, mir zu helfen.

Auf die gleiche Art werden Sätze wiedergegeben, die deutschen indirekten Fragesätzen entsprechen:

Mehmonlar qaysi kuni kelishlarini aytdilarmi?	Haben die Gäste gesagt, an welchem Tag sie kommen werden?
Nima qilishimni bilmayman.	Ich weiß nicht, was ich tun werde/soll.
Samarqanddan Toshkentga samolyot soat nechada kelishini bilasizmi?	Wissen Sie, um wie viel Uhr das Flugzeug aus Samarkand in Taschkent ankommt?

Verbunden mit der Postposition **bilan** *mit* entsteht ein Temporalsatz, der im Deutschen durch *sowie, sobald, als* eingeleitet wird:

Quyosh chiqishi bilan turdik.	**Als** die Sonne aufgegangen ist, sind wir aufgestanden.
Ovqat tayor bo'lishi bilan seni chaqiraman.	Ich rufe dich, **sobald** das Essen fertig ist.

Im Zusammenhang mit den Postpositionen **ko'ra** oder **qaraganda** *mit Blick auf* entsteht ein Konsekutivsatz, der durch *gemäß, zufolge* eingeleitet wird:

Gazetaning yozishiga ko'ra/qaraganda ertaga yomg'ir yog'ar.	Gemäß dem, was die Zeitung schreibt, wird es morgen regnen.

Mit Hilfe der Postposition **qaramasdan** *ungeachtet* entstehen Konzessivsätze, die im Deutschen mit *obwohl* beginnen:

O'g'lim erta turishiga qaramasdan ishga doimo kech qoladi.	Obwohl mein Sohn früh aufsteht, kommt er immer zu spät zur Arbeit.

Um Temporalsätze zu bilden, die im Deutschen mit *bevor* beginnen, werden die Postpositionen **avval, burun, ilgari** oder **oldin** hinter das Verbalnomen gestellt. Bei Subjektgleichheit von Haupt- und Nebenhandlung kann auch hier das Possessivsuffix entfallen. Soll eine Zeitangabe hinzugefügt werden, tritt diese zwischen Verbalnomen und Postposition:

Kinoga borishdan oldin choy ichishaylik!	Lasst **uns** zusammen Tee trinken, bevor **wir** ins Kino gehen!

Kinoga borishingizdan oldin choy ichishaylik!	Lasst **uns** zusammen Tee trinken, bevor **ihr** ins Kino geht!
Kinoga borishingizdan yarim soat oldin choy ichishaylik!	Lasst uns eine halbe Stunde, bevor ihr ins Kino geht, zusammen Tee trinken!

Das Hilfsverb *sein* wird durch **bo'lmoq** wiedergegeben:

Soat yettida aeroportda bo'lishim kerak.	Ich muss um sieben Uhr am Flughafen sein.
Sizni biror joyda ko'rgan bo'lishim kerak.	Ich muss Sie irgendwo gesehen haben.

Schließlich sind auf der Basis dieses Verbalnomens eine Reihe reiner Substantive entstanden:

kirmoq	eintreten	kirish	Eingang
chiqmoq	hinausgehen	chiqish	Ausgang
ketmoq	fortgehen	ketish	Abfahrt
kelmoq	kommen	kelish	Ankunft
bormoq	gehen, fahren	borish	Hinfahrt
qaytmoq	zurückkehren	qaytish	Rückfahrt
sotmoq	verkaufen	sotish	Verkauf
uchmoq	fliegen	uchish	Flug
salomlashmoq	sich begrüßen	salomlashish	Begrüßung
xayrlashmoq	s. verabschieden	xayrlashish	Verabschiedung

2. Das Verbalnomen auf -(a)r/-mas

Attributiv vor ein Substantiv gestellt, dient dieses Verbalnomen als Partizip, um eine Eigenschaft auszudrücken:

Umr oqar daryo.	Das Leben ist ein fließender Fluss.
Biz Samarqandda unutilmas kunlar o'tkazdik.	Wir haben in Samarkand unvergessliche Tage verbracht.

Stellt man die bejahte und verneinte Form hintereinander, entsteht ein Temporalsatz, der im Deutschen mit *kaum dass* beginnt:

Ahmad xonaga kirar-kirmas singlini chaqirdi.	Kaum hatte Ahmad den Raum betreten, rief er seine jüngere Schwester.

In ihrem substantivischen Gebrauch gibt die verneinte Form **-mas** mit den Postpositionen **oldin** oder **burun** alternativ zu **-(i)shdan oldin** einen Temporalsatz wieder, der im Deutschen durch *bevor* eingeleitet wird:

Bozorga bormasdan burun/oldin choy ichdik.	Bevor wir zum Markt gegangen sind, haben wir Tee getrunken.

Darüber hinaus dient sie, erweitert um das Suffix **-lik,** als negative Entsprechung des Verbalnomens auf **-(i)sh**:

Bunday xatolarga yo'l qo'ymasligingiz kerak.	Derartige Fehler dürft ihr nicht zulassen.
Kech qolmasliga harakat qilaman.	Ich werde mich bemühen, nicht zu spät zu kommen.
Iltimos, bugun kela olmasligimni ayting!	Bitte sagt, dass ich heute nicht kommen kann!
Kech qolmaslik uchun taksi tutdik.	Um nicht zu spät zu kommen, haben wir ein Taxi genommen.

Zur Bildung von indirekten Fragesätzen mit *ob* werden **-ish** und **-maslik** hintereinander gestellt:

Yusuf ertaga kelish-kelmasligimizni so'radi.	Yusuf hat gefragt, **ob** wir morgen kommen (oder nicht).

3. Das substantivische Verbalnomen auf -gan

Das Verbalnomen auf **-gan** hat sowohl Perfekt als auch Präsensbedeutung, da hier im Gegensatz zum Verbalnomen auf **-(i)sh** die Handlung bereits eingesetzt hat. Ob sie bereits abgeschlossen ist (Perfektbedeutung) oder noch andauert (Präsensbedeutung), ergibt sich aus dem Zusammenhang. In seinem substantivischen Gebrauch kann **-gan** sämtliche Possessiv- und Deklinationssuffixe erhalten wie auch im Zusammenhang mit Postpositionen verwendet werden:

Bu xatni yozganim yo'q.	Dass ich diesen Brief geschrieben habe, trifft nicht zu.
Aytganingiz to'g'ri emas.	Euer Gesagtes ist nicht richtig = was ihr gesagt habt/sagt, ist nicht richtig.
Bu yerga kelganimga ikki hafta bo'ldi.	Es sind jetzt zwei Wochen, dass ich hierher gekommen bin.
Mening qo'ng'iroq qilganimni aytib qo'ya olasan mi?	Könntest du ausrichten, dass ich angerufen habe?
O'zbekcha o'rganganimni bilasan mi?	Weißt du, dass ich Usbekisch gelernt habe/lerne?
Siz bilan tanishganimdan juda xursandman.	Ich bin sehr erfreut, mit Ihnen bekannt geworden zu sein/ Sie kennen gelernt zu haben.

Kecha nima qilganimizni bilasanmi?	Weißt du, was wir gestern gemacht haben?
Karimaning kelgan-kelmaganini bilasanmi?	Weißt du, ob Karima gekommen ist?

Bizga yordam berganingiz uchun rahmat!	Danke dafür, dass ihr uns geholfen habt!
Hammasi kutganimiz kabi bo'ldi.	Es hat sich alles so zugetragen, wie wir es erwartet hatten.
Kutganimizga qarshi Iskandar kecha kelmadi.	Entgegen unserer Erwartung ist Iskander gestern nicht gekommen.
Men tug'ilganimdan beri bu uyda turaman.	Ich wohne in diesem Haus, seit ich geboren wurde.

Durch Anfügung des Suffixes **-lik** (vgl. S. 101) erhält die Handlung einen etwas allgemeineren oder unbestimmteren Charakter:

O'g'lingizning xat yozmaganligi Sizni bezovta qilmaydimi?	Beunruhigt es Sie nicht, dass ihr Sohn keine Briefe geschrieben hat?
Men issiq kiyinganligimga qaramasdan sovuq qotyapman.	Ich friere, obwohl ich mich warm angezogen habe.
Ishlaganligim uchun/tufayli kela olmadim.	Ich konnte nicht kommen, weil ich gearbeitet habe.

Der Lokativ des Verbalnomens auf **-gan** gibt Temporalsätze wieder, die im Deutschen durch *als, wenn* eingeleitet werden:

Uyga kelganimda uyda hech kim yo'q edi.	Bei meinem nach Hause Kommen war niemand da = als ich nach Hause kam, war niemand da.

Hierher gehören auch die Zeitangaben mit *um* (vgl. S. 29):

Dars soat ikkidan o'n daqiqa o'tganda boshlanadi.	Der Unterricht beginnt, wenn an der Stunde zwei zehn Minuten vorbeigegangen sind = der Unterricht beginnt um zehn Minuten nach zwei.
Dars soat ikkiga o'n daqiqa qolganda boshlanadi.	Der Unterricht beginnt, wenn bis zur Stunde zwei zehn Minuten bleiben = der Unterricht beginnt um zehn Minuten vor zwei.

Häufig wird dieses temporale *wenn* auch zu einem *wenn* irrealer Konditionalsätze:

Kelishgingiz bilganimda edi, men kutgan bo'lar edim.	Wenn ich gewusst hätte, dass ihr kommt, hätte ich gewartet.
Kelmasligingiz bilganimda edi, men kutmagan bo'lar edim.	Wenn ich gewusst hätte, dass ihr nicht kommt, hätte ich nicht gewartet.

Mit Hilfe der Postpositionen **sari** entstehen Modalsätze, die im Deutschen mit *je ... desto*, *in dem Maße wie* wiedergegeben werden:

| Yurganimiz sari charchadik. | Je länger wir gelaufen sind, umso müder sind wir geworden. |

Ein feststehender Begriff ist **borgan sari** *zusehends*:

| Shamol borgan sari kuchayapti. | Der Wind wird zusehends stärker. |

Um Temporalsätze zu bilden, die im Deutschen mit *bevor* beginnen, werden die Postpositionen **keyin** oder **so'ng** hinter das Verbalnomen gestellt. Bei Subjektgleichheit von Haupt- und Nebenhandlung kann dabei das Possessivsuffix entfallen. Soll eine Zeitangabe hinzugefügt werden, tritt diese zwischen Verbalnomen und Postposition:

Choy ichgandan keyin kinoga bordik.	Nachdem **wir** Tee getrunken hatten, sind **wir** ins Kino gegangen.
Choy ichganingizdan keyin kinoga boraylik.	Lasst **uns** ins Kino gehen, nachdem **ihr** Tee getrunken habt.
Choy ichganingizdan yarim soat keyin kinoga bordik.	Eine halbe Stunde, nachdem ihr Tee getrunken hattet, sind wir ins Kino gegangen.

Mit Hilfe der Postposition **ko'ra** werden auch hier Tätigkeiten verglichen:

| Televizor tomosha qilgandan ko'ra suhbatlashish yaxshiroq edi. | Es war besser, sich zu unterhalten, als fernzusehen. |

Zur Bildung des Verbalnomens auf **-gan** der Verbformen auf **-moqchi** und **-moqda** wird jeweils **bo'lgan** angefügt:

Mening sizga aytmoqchi bo'lganimni bilasizmi?	Wissen Sie, was ich Ihnen sagen möchte?
Bu yerda yangi ko'prik qurilmoqda bo'lganini ko'rdingmi?	Hast du gesehen, dass hier eine neue Brücke errichtet wird?

Das substantivische Verbalnomen auf **-gan** des Hilfsverbs *sein* wird weniger durch **bo'lgan**, als vielmehr durch die selbständige Form **ekan**, durch **ekanlik** oder aber auch nur durch Anfügung des Suffixes **-lik** (vgl. S. 101) wiedergegeben:

Kim ekanini bilasanmi? Kim ekanligini bilasanmi? Kimligini bilasanmi?	Weißt du, wer er ist?
Agar u kelsa, u menga albatta telefon qilish kerak ekanligini/kerakligini aytib qo'ying!	Wenn er kommt, sagen Sie, dass er mich ganz bestimmt anrufen soll!

Die Formen **bo'lgan** oder **bo'lganlik** haben in diesem Zusammenhang vor allem die Bedeutung *werden*:

Do'stingizning kasal ekanligini eshitdim.	Ich habe gehört, dass euer Freund krank ist.
Do'stingizning kasal bo'lganligini eshitdim.	Ich habe gehört, dass euer Freund krank geworden ist.

Die entsprechenden Formen von **bor** *vorhanden* und **yo'q** *nicht vorhanden* werden, sofern es sich um die Wiedergabe von *(zu eigen) haben* handelt, durch **borlik** bzw. **yo'qlik** ausgedrückt. Soll das Vorhandensein an einem Ort zum Ausdruck gebracht werden, wird **bor ekanlik** bzw. **yo'q ekanlik** verwendet:

Kitobing borligini ko'ryapman.	Ich sehe, dass du ein Buch hast.
Kitobing yo'qligini ko'ryapman.	Ich sehe, dass du kein Buch hast.
Mendan kitobim bor-yo'qligini so'radilar.	Sie haben mich gefragt, ob ich ein Buch habe.

Senda kitob bor ekanligini ko'ryapman.	Ich sehe, dass du ein Buch dabei hast.
Senda kitob yo'q ekanligini ko'ryapman.	Ich sehe, dass du kein Buch dabei hast.

4. Das Verbalnomen auf -gan als Partizip

In seinem partizipiellen Gebrauch dient das Verbalnomen auf **-gan** dazu, Tätigkeiten auszudrücken, für die das Deutsche Relativsätze benutzt. Dabei entspricht das Verbalnomen auf **-gan** dem Partizip des Perfekt bzw. der Vorzeitigkeit.

Bei den folgenden Beispielen ist das auf das Partizip folgende Substantiv das Subjekt der Nebenhandlung; im Deutschen steht das Relativpronomen im Nominativ:

Siznikiga kelgan qiz kim?	Wer ist das Mädchen, das zu euch gekommen ist?
Siznikiga kelgan qizning ismi nima?	Wie heißt das Mädchen, das zu euch gekommen ist?
Siznikiga kelgan qizni qayerdan taniysan?	Woher kennst du das Mädchen, das zu euch gekommen ist?
Siznikiga kelgan qizga uylanmoqchimisan?	Möchtest du das Mädchen, das zu euch gekommen ist, heiraten?
Siznikiga kelgan qiz bilan gaplashdingmi?	Hast du mit dem Mädchen, das zu euch gekommen ist, gesprochen?

Steht vor dem Partizip ein Substantiv mit dem Possessivsuffix der 3. Person und im Nominativ, ist dieses Wort das Subjekt des Nebensatzes. Die deutsche Übersetzung erfolgt, indem man das Relativpronomen in den Genitiv setzt:

Onasi siznikiga kelgan qiz kim?	Wer ist das Mädchen, **dessen Mutter** zu euch gekommen ist?
Onasi siznikiga kelgan qizning ismi nima?	Wie heißt das Mädchen, dessen Mutter zu euch gekommen ist?
Onasi siznikiga kelgan qizni qayerdan taniysan?	Woher kennst du das Mädchen, dessen Mutter zu euch gekommen ist?
Onasi siznikiga kelgan qizga uylanmoqchimisan?	Möchtest du das Mädchen, dessen Mutter zu euch gekommen ist, heiraten?
Onasi siznikiga kelgan qiz bilan gaplashdingmi?	Hast du mit dem Mädchen, dessen Mutter zu euch gekommen ist, gesprochen?

Steht vor dem Partizip ein Pronomen oder Substantiv im Nominativ, jedoch ohne Possessivsuffix der 3. Person, ist dies das Subjekt des Nebensatzes. Gleichzeitig wird das hinter dem Partizip stehende Substantiv zum Objekt der Nebenhandlung. Welchen Kasus das Verb, das die Partizipialform bildet, regiert, bleibt dabei unberücksichtigt:

Sen biznikiga taklif qilgan qiz kim?	Wer ist das Mädchen, das **du** zu uns eingeladen hast?
Sen biznikiga taklif qilgan qizning ismi nima?	Wie heißt das Mädchen, das du zu uns eingeladen hast?
Sen biznikiga taklif qilgan qizni qayerdan taniysan?	Woher kennst du das Mädchen, das du zu uns eingeladen hast?
Sen biznikiga taklif qilgan qizga uynamoqchimisan?	Möchtest du das Mädchen heiraten, das zu uns eingeladen hast?
Sen biznikiga taklif qilgan qiz bilan gaplashdingmi?	Hast du mit dem Mädchen, das du zu uns eingeladen hast, gesprochen?

Steht zusätzlich vor der Partizipialform ein Substantiv mit dem Possessivsuffix der 3. Person sowie dem Kasus bzw. Postpositionalkasus, den das Verb regiert, ist dieses das Objekt des Nebensatzes:

Sen **onasini** biznikiga taklif qilgan qiz kim?	Wer ist das Mädchen, **dessen Mutter** du zu uns eingeladen hast?
Sen onasini biznikiga taklif qilgan qizning ismi nima?	Wie heißt das Mädchen, dessen Mutter du zu uns eingeladen hast?
Sen onasini taklif qilgan qizni qayerdan taniysan?	Woher kennst du das Mädchen, dessen Mutter du eingeladen hast?
Sen onasini taklif qilgan qizga uynamoqchimisan?	Möchtest du das Mädchen heiraten, dessen Mutter du eingeladen hast?
Sen onasini biznikiga taklif qilgan qiz bilan gaplashdingmi?	Hast du mit dem Mädchen, dessen Mutter du eingeladen hast, gesprochen?

Statt durch das vorausgestellte Pronomen oder Substantiv kann das Subjekt des Nebensatzes auch dadurch bezeichnet werden, dass man an das hinter dem Partizip stehende Substantiv das entsprechende Possessivsuffix anfügt:

Biznikiga taklif qilgan qiz**im** Toshkentlik.	Das Mädchen, das **ich** zu uns eingeladen habe, stammt aus Taschkent.

Steht das Partizip vor einem Zeitbegriff, entstehen Temporalsätze, die im Deutschen durch *als* oder auch *während* eingeleitet werden:

Sen uxlagan paytda dugonang qo'ng'iroq qildi va seni so'radi.	Zu dem Zeitpunkt, an dem du geschlafen hast, hat deine Freundin angerufen und nach dir gefragt = **als/während** du geschlafen hast, hat deine Freundin angerufen und nach dir gefragt.
Sizni tug'ilgan kuningiz bilan tabriklayman.	Ich beglückwünsche Sie zu dem Tag, an dem/als Sie geboren wurden = herzlichen Glückwunsch zum Geburtstag!

Das Partizip des Hilfsverbs *sein* wird mittels **bo'lmoq** gebildet:

Kutubxonamizda bo'lgan kitoblarini o'qidingmi?	Hast du die Bücher gelesen, die in unserer Bibliothek sind?
Sen o'qimoqchi bo'lgan kitobni topa oldingmi?	Hast du das Buch, das du lesen möchtest, finden können?
Sen qurilmoqda bo'lgan ko'prikni ko'rdingmi?	Hast du die Brücke gesehen, die zurzeit errichtet wird?

Bei Sätzen, in denen das Relativpronomen im Genitiv steht, ist die Form **bo'lgan** weggefallen:

Onasi kasal (bo'lgan) o'quvchi bugun maktabga bormadi.	Der Schüler, dessen Mutter krank ist, ist heute nicht zur Schule gegangen.

Das Partizip kann auch als Substantiv verwendet werden (vgl. hierzu auch seine Verwendung als Prädikatsnomen, S. 53):

Otang bugun ishlagan bo'lsa kerak.	Dein Vater dürfte heute gearbeitet haben.
Bola uxlaganga o'xshaydi.	Das Kind ähnelt einem, das geschlafen hat = es sieht so aus, als ob das Kind geschlafen hätte.

5. Das Verbalnomen auf -(a)yotgan

Das Verbalnomen auf **-(a)yotgan** drückt sowohl in seinem substantivischen Gebrauch wie auch als Partizip das Präsens bzw. die Gleichzeitigkeit mit der Haupthandlung aus:

Men ishlayotganimni ko'rmayapsan mi?	Siehst du nicht, dass ich arbeite?
Men ishlayotganimni ko'rmadingmi?	Hast du nicht gesehen, dass ich gearbeitet habe?
Aralashayotganligim uchun kechiring!	Verzeiht, dass ich mich einmische!
Otamizning nima qilayotganligini bilasanmi?	Weißt du, was unser Vater gerade tut?

Eshikdan kirayotgan qiz kim?	Wer ist das Mädchen, das gerade zur Tür hereinkommt?
Onasi eshikdan kirayotgan qiz kim?	Wer ist das Mädchen, dessen Mutter gerade zur Tür hereinkommt?
Sen gaplashayotgan qiz kim?	Wer ist das Mädchen, mit dem du gerade sprichst?
Sen onasi bilan gaplashayotgan qiz kim?	Wer ist das Mädchen, mit dessen Mutter du gerade sprichst?

Otang ishlayotgan bo'lsa kerak.	Dein Vater dürfte wohl gerade arbeiten.
Bola uxlayotganga o'xshaydi.	Es sieht so aus, als ob das Kind schläft.

6. Das Verbalnomen auf **-adigan/-ydigan**

Dieses Verbalnomen ist die futurische Entsprechung des Verbalnomens auf **-gan**. Es drückt einerseits eine in der Gegenwart längere Zeit andauernde oder regelmäßig wiederholte, gewohnheitsmäßige wie auch andererseits eine in der Zukunft liegende Handlung aus. Dieses Verbalnomen dient nur als Partizip; für den substantivischen Gebrauch werden die Verbalnomina auf **-(i)sh** (vgl. S. 70) bzw. **-maslik** (vgl. S. 73) verwendet:

Har kuni siznikiga keladigan qiz kim?	Wer ist das Mädchen, das jeden Tag zu euch kommt?
Ertaga siznikiga keladigan qiz kim?	Wer ist das Mädchen, das morgen zu euch kommen wird?
Onasi ertaga siznikiga keladigan qiz kim?	Wer ist das Mädchen, dessen Mutter morgen zu euch kommen wird?
Sen ertaga gaplashadigan qiz kim?	Wer ist das Mädchen, mit dem du morgen sprechen wirst?
Sen onasi bilan ertaga gaplashadigan qiz kim?	Wer ist das Mädchen, mit dessen Mutter du morgen sprechen wirst?

Otang ertaga ishlaydigan bo'lsa kerak.	Dein Vater dürfte morgen wohl arbeiten.
Bola uxlaydiganga o'xshaydi.	Es sieht so aus, als würde das Kind gleich schlafen.

7. Die Verbalnomina auf **-moqda** und **-moqchi**

Beide Verbalnomina sind Partizipien, die als Prädikatsnomina zur Bildung eines Präsens (vgl. S. 44) bzw. eines Präsens-Futur (vgl. S. 48) verwendet werden.

X. Konverbien

Konverbien sind Verbformen, die dadurch entstehen, dass man an den Stamm eines Verbs ein bestimmtes Suffix anfügt und sie dann nicht weiter dekliniert oder konjugiert. Zeitpunkt sowie Subjekt der auf diese Art wiedergegebenen Handlung werden daher erst aus einem folgenden Verb deutlich. Durch diese Art von Verbformen werden Sachverhalte wiedergegeben, die deutschen Adverbialsätzen entsprechen (vgl. die Übersicht über die deutschen Nebensätze und ihre usbekischen Entsprechungen im Anhang, S. 119).

1. Das Konverb auf -a/-y

Dieses Konverb dient der Wiedergabe von Modalsätzen, die im Deutschen durch *indem*, *wobei*, *dadurch dass* oder auch durch ein adverbiales Partizip eingeleitet werden, d.h. die durch dieses Konverb ausgedrückte Handlung gibt den Begleitumstand der durch das Prädikat des Satzes wiedergegebenen Haupthandlung wieder. Meist tritt es in verdoppelter Form auf, so dass die Nebenhandlung intensiviert wird zu *indem immer wieder*, *wobei immerzu*:

Uyingni so'ray-so'ray topdik.	Indem wir immer wieder gefragt haben, haben wir dein Haus gefunden.

2. Verbalkompositionen mit dem Konverb auf -a/-y

Die Haupteigenschaft dieses Konverbs besteht darin, dass es sich mit anderen Verben zu Verbalkompositionen verbindet, die in diesem Zusammenhang zu Hilfsverben werden und dabei teilweise ihre ursprüngliche Bedeutung verlieren.

Um *beginnen zu* auszudrücken, verbindet sich das Konverb auf **-a/-y** mit dem Verb **boshlamoq**:

O'zbek tilini o'rgana boshladim.	Ich habe angefangen, die usbekische Sprache zu lernen.

Verbunden mit **olmoq** *nehmen* entstehen die Formen des Possibilitivs bzw. bei Verneinung des Impossibilitivs, wobei damit ausgedrückt wird, dass man in einer konkreten Situation in der Lage bzw. nicht in der Lage ist, etwas zu tun. Die Konverbformen der beiden Verben **demoq** *sagen* und **yemoq** *essen* lauten **deya** und **yeya**:

Aytganlarimga biror narsani deya olasizmi?	Können Sie zu dem, was ich gesagt habe, etwas sagen?
Ertaga biznikiga kela olasanmi?	Kannst du morgen zu uns kommen?

Endet der Stamm des vorausgehenden Verbs auf Konsonant, können die Formen von **olmoq** als Suffix angefügt werden:

Ertaga biznikiga kelolasanmi?	Kannst du morgen zu uns kommen?
Afsus, men kelolmayman.	Ich kann leider nicht kommen.

Lautet das vorausgehende Verb selbst **olmoq**, wird **bilmoq** *wissen, können* als Hilfsverb eingesetzt. Vor allem aber wird durch **bilmoq** die erlernte Fähigkeit wiedergegeben (vgl. hierzu auch S. 69):

Gilamni sotib ola bildingmi?	Hast den Kelim kaufen können?
Uni ola bilmadim.	Ich habe ihn nicht kaufen können.
Men buni qila bilaman.	Ich weiß, wie man das macht = ich kann das machen.

Durch die Verbindung mit **bermoq** *geben* wird eine fortgesetzte, ruhig und ungehindert verlaufende Handlung zum Ausdruck gebracht. Meist wird es als Suffix angefügt und wandelt dabei seinen Anfangskonsonanten **b** in **v**:

Siz gapiravering!	Sprechen Sie nur ruhig weiter!
Bu ko'cha bilan to'g'ri boravering!	Gehen Sie diese Straße nur immer weiter geradeaus!

Das Verb **yozmoq** *schreiben* bringt als Hilfsverb zum Ausdruck, dass eine Handlung beinahe eingetreten wäre:

Poyezdga kechika yozdik.	Fast hätten wir den Zug verpasst.
Non olishni unuta yozdim.	Fast hätte ich vergessen, Brot zu holen.

Auch die Verbalnomina **-adigan** (< **-a turgan**, vgl. S. 82) und **-ayotgan** (vgl. S. 81) sowie das Präsens auf **-yap** (< **-a yotib**, vgl. S. 44) gehen auf eine derartige Verbalkomposition zurück. Obendrein ist dieses Konverb im Laufe der Zeit zum Themasuffix des Präsens-Futur (vgl. S. 48) geworden.

3. Das Konverb auf -(i)b

Dieses Konverb wird eingesetzt, um bei aufeinanderfolgenden Handlungen, die im Deutschen durch *und* verbunden werden, die Wiederholung gleicher Suffixe zu vermeiden:

Yuvin**dik va** kiyindik.	Wir haben uns gewaschen und angezogen.
Yuvin**ib** kiyindik.	

Bisweilen lässt der Kontext auch die Wiedergabe als Temporalsatz oder Konzessivsatz zu, der im Deutschen mit *wenn*, *als*, mit *während* oder auch mit *obwohl* beginnt:

Xabarni eshitib kula boshladik.	Wir haben die Nachricht gehört und angefangen zu lachen = **als** wir die Nachricht hörten, haben wir angefangen zu lachen.
Mehmon kelishini kutib shaxmat o'ynadik.	Wir haben auf die Ankunft des Gastes gewartet und Schach gespielt = **während** wir auf die Ankunft des Gastes gewartet haben, haben wir Schach gespielt.
Ikki soat qidirib ko'zoynagimni topa olmadim.	Ich habe zwei Stunden gesucht und meine Brille nicht finden können = **obwohl** ich zwei Stunden gesucht habe, habe ich meine Brille nicht finden können.

Zudem hat dieses Konverb weitestgehend dasjenige auf **-a/-y** abgelöst:

Uyingni so'rab topdik.	Wir haben gefragt und dein Haus gefunden = **indem** wir gefragt haben, haben wir dein Haus gefunden.

Uyingni so'rab-so'rab topdik.	Wir haben gefragt und gefragt und dein Haus gefunden = **indem** wir immer wieder gefragt haben, haben wir dein Haus gefunden.

Eine häufig gebrauchte Form ist **bo'lib** in der Bedeutung *als*:

O'qituvchi bo'lib ishlayman.	Ich arbeite als Lehrer.

4. Verbalkompositionen mit dem Konverb auf -(i)b

Mit Hilfe des Konverbs auf **-(i)b** lassen sich mehrere Verben aneinander reihen:

Iltimos, choy olib kelib bering!	Bitte holen Sie Tee, kommen Sie und geben Sie ihn!

Zahlreiche weitere Verbalkompositionen sind vermutlich auf derartige „Wucherformen" zurückzuführen. So macht das Verb **bermoq** *geben* deutlich, dass die durch das Konverb wiedergegebene Handlung im Interesse einer Person erfolgt:

Eng yaqin dorixona qayerdaligini aytib bera olasizmi?	Können Sie (mir) sagen, wo die nächstgelegene Apotheke ist?
Iltimos, bu yerda nima yozilganligini tarjima qilib bering!	Bitte übersetzen Sie (mir), was hier geschrieben steht!

Das Verb **bo'lmoq** *werden* bringt das Beenden einer Handlung zum Ausdruck:

Kitobni o'qib bo'ldingmi?	Hast du das Buch zu Ende gelesen?
Ovqatni yeb bo'ldingizmi?	Habt ihr zu Ende gegessen?

Verbunden mit **boqmoq** *schauen* entsteht die Bedeutung *versuchen, zusehen dass ...*:

Bu matn uncha mushkul emas, tarjima qilib boqing!	Dieser Text ist nicht so schwierig; seht zu, dass ihr ihn übersetzt!

Durch **bormoq** *gehen* wird eine schrittweise, langsame aber stetige Entwicklung der Handlung ausgedrückt:

Kasalning sog'ligi yaxshilanib boryapti.	Der Gesundheitszustand des Kranken bessert sich allmählich.

Ähnlich dem Verb **bo'lmoq** gibt auch **chiqmoq** *hinausgehen* wieder, dass eine Handlung zu Ende geführt wurde:

Kitobni o'qib chiqdim.	Ich habe das Buch durchgelesen.
Biz hozir choy ichib chiqdik.	Wir haben gerade Tee getrunken.

Durch die Verbindung mit **kelmoq** *kommen* wird zum einen eine Bewegung zum augenblicklichen Standort des Sprechers hin ausgedrückt. Anderseits kann es auch bedeuten, dass die geschilderte Handlung gerade eben durchgeführt wurde:

Qachon Samarqandga yetib keldingiz?	Wann seid ihr in Samarkand angekommen?
Otamizga qo'ng'iroq qilib keldim.	Ich habe gerade eben mit unserem Vater telefoniert.

Durch das Verb **ketmoq** *weggehen* wird eine Bewegung vom augenblicklichen Standort des Sprechers fort ausgedrückt:

Qush uchib ketdi.	Der Vogel ist weggeflogen.
Ertaga jo'nab ketamiz.	Wir werden morgen abreisen.

Verbunden mit **ko'rmoq** *sehen* entsteht die Bedeutung *probieren, versuchen*:

Palovni yeb ko'rdingizmi?	Haben Sie den Pilav probiert? Probieren Sie; Sie werden ihn mögen.
Yeb ko'ring, sizga yoqadi.	

Der Verb **olmoq** *nehmen* drückt eine Tätigkeit im Interesse der betreffenden Person aus:

Telefon raqamimni yozib ol!	Schreibe (dir) meine Telefonnummer auf!

Durch **o'tirmoq** *sitzen* wird das längere Verweilen bei einer Handlung zum Ausdruck gebracht:

Bu haqda ko'p gapirib o'tirmayman.	Ich werde mich nicht lange zu diesem Thema äußern.
Meni kutib o'tirmang!	Wartet nicht auf mich!

Das Verb **qolmoq** *bleiben* drückt zum einen das plötzliche Einsetzen einer Handlung, andererseits aber auch ihre Endgültigkeit aus:

Suhbatlashganimizda telefonim jiringlab qoldi.	Während unserer Unterhaltung, klingelte plötzlich mein Telefon.
Mening soatim to'xtab qolibdi.	Meine Uhr ist wohl stehen geblieben.

Die Verwendung des Verb **qo'ymoq** *setzen*, *stellen*, *legen* als Hilfsverb ist äußert vielseitig. Im Zusammenhang mit dem Imperativ drückt es eine nachdrückliche Aufforderung aus:

Iltimos, eshikni yopib qo'ying!	Bitte schließen Sie die Tür!
Iltimos, meni soat sakkizda uyg'otib qo'ying!	Bitte wecken Sie mich um acht Uhr!

Das Verb **tashlamoq** *werfen* zeigt an, dass die Handlung gründlich durchgeführt wurde:

Daraxtni kesib tashladik.	Wir haben den Baum gefällt.
Kunlarning birida u o'zining eski xatlarining hammasini yondirib tashladi.	Eines Tages verbrannte er/sie alle seine/ihre alten Briefe.

Das Verb **turmoq** *stehen*, *leben* drückt als Hilfsverb eine gewohnheitsmäßige oder auch wiederholte Handlung aus:

Bu gazetani o'qib turamiz.	Wir lesen diese Zeitung regelmäßig.
Men qarindoshlarim bilan tez-tez uchrashib turaman.	Ich treffe mich regelmäßig mit meinen Verwandten.

Verbunden mit dem Verb **yubormoq** *schicken* wird eine plötzlich einsetzende Handlung zum Ausdruck gebracht; bisweilen wird die Haupthandlung auch nur intensiviert:

Hamma bolalar birdan kulib yubordilar.	Alle Kinder sind auf einmal in Gelächter ausgebrochen.
Iltimos, menga yordam berib yuboring!	Bitte helfen Sie mir doch geschwind!

Durch das Verb **yurmoq** *gehen, laufen* werden eine stetige Bewegung wie auch eine Gewohnheit ausgedrückt:

Tayyoralar shahar ustida uchib yurdi.	Flugzeuge sind (langsam und stetig) über die Stadt geflogen.
Bu bola do'im qalamlarini yo'qotib yuradi.	Dieses Kind verliert immer seine Stifte.

Eine besondere Gruppe von Präsensformen stellen die Verbindungen mit den Verben **o'tirmoq** *sitzen*, **turmoq** *stehen*, **yotmoq** *liegen* und **yurmoq** *gehen, laufen* dar. Hierbei stehen auch die Hilfsverben in der Konverbform auf **-(i)b** und erhalten zur Personenbezeichnung die präsentischen Personalendungen:

Men do'stimni kutib o'tiribman.	Ich warte auf meinen Freund.
Men xat yozib turibman.	Ich schreibe gerade an einem Brief.
Biz dam olib yotibmiz.	Wir ruhen aus.
Bu yerda nima qilib yuribsan?	Was tust du hier?
Ish axtarib yuribman.	Ich bin auf Arbeitssuche.

Im Übrigen ist auch das Konverb auf **-(i)b** zum Themasuffix einer finiten Verbform geworden (vgl. S. 53).

5. Die Form **deb**

Eine ganz besondere Funktion erfüllt die Konverbform **deb** des Verbs **demoq** *sagen*. Hierbei sind zwei grundlegende Dinge vorauszuschicken: Zum einen bevorzugt das Usbekische die Wiedergabe direkter Reden, zum anderen hat auf eine solche direkte Rede immer eine Form des Verbs **demoq** zu folgen:

Karim nima dedi?	Was hat Karim gesagt?
Men hozir ketaman dedi.	Er hat gesagt: „Ich gehe jetzt".
Men hozir ketaman degandan so'ng o'rnidan turib xonadan chiqib ketdi.	Nachdem er gesagt hatte: „Ich gehe jetzt", ist er von seinem Platz aufgestanden und aus dem Zimmer gegangen.

Soll auf das Zitat ein anderes Verb folgen, wird als Verbindung die Form **deb** eingeschoben. Zitatzeichen, die den Überblick erleichtern, werden in den Texten meist nicht gesetzt. Die Form **deb** ist der einzige Hinweis darauf, dass an dieser Stelle ein Zitat endet; der Beginn des Zitats muss aus dem Kontext erschlossen werden:

Karimdan bugun teatrga borasanmi deb so'radim.	Ich habe Karim gefragt (indem ich sagte): „Gehst du heute ins Theater?" = ich habe Karim gefragt, **ob** er heute ins Theater geht.
Ha, boraman deb javob berdi.	Er hat geantwortet (indem er sagte): „Ja, ich gehe" = er hat geantwortet, **dass** er geht.
Endi men ham teatrga boraymi deb o'ylayman.	Jetzt denke ich (indem ich sage): „Soll ich auch ins Theater gehen?" = jetzt überlege ich, **ob** ich auch ins Theater gehen soll.
Lekin teatrga borishga vaqtim yo'q deb qo'rqaman.	Aber ich fürchte (indem ich sage): „Ich habe keine Zeit, ins Theater zu gehen" = aber ich befürchte, **dass** ich keine Zeit habe, ins Theater zu gehen.

Enthält das Zitat die Begründung für die anschließenden Handlung, kann es sich um einen Kausalsatz handeln:

Teatrga borishga vaqtim yo'q deb bormadim.	Indem ich gesagt habe: „Ich habe keine Zeit ins Theater zu gehen", bin ich nicht gegangen = ich bin nicht ins Theater gegangen, **weil** ich keine Zeit habe.

Ist im Zitat eine Aufforderung enthalten, handelt es sich um einen Finalsatz:

Meni kutmang deb men shoshildim.	Ich habe mich beeilt, indem ich mir sagte: „Wartet nicht auf mich!" = ich habe mich beeilt, **damit** ihr nicht auf mich warten müsst.
Otamga xavotir bo'lmasin deb xat yozdim.	Ich habe meinem Vater einen Brief geschrieben, indem ich mir sagte: „Er soll sich nicht beunruhigen" = ich habe meinem Vater einen Brief geschrieben, **damit** er sich nicht beunruhigt.

6. Die Konverbien auf -may und -masdan

Beide Konverbien dienen der Wiedergabe von Modalsätzen, die im Deutschen mit *ohne zu* beginnen. Ein geringfügiger Unterschied besteht darin, dass **-may** – das negierte Konverb auf **-a/-y** – mit *ohne gleichzeitig zu ...* und **-masdan**, das funktionsmäßig als Negation des Konverbs auf **-(i)b** angesehen werden kann, mit *ohne zuvor zu ...* zu übersetzen wäre. Dieser Bedeutungsunterschied wird in der Umgangssprache jedoch wenig beachtet:

Onang meni ko'rmay o'tib ketdi.	Deine Mutter ist vorbeigegangen, ohne mich zu sehen.
Onang meni ko'rmasdan o'tib ketdi.	Deine Mutter ist vorbeigegangen, ohne mich gesehen zu haben.

Die Formen **qaramay** und **qaramasdan** *ohne zu schauen, ungeachtet, trotz* wurden im Rahmen der Postpositionen vorgestellt (vgl. S. 34).

7. Das Konverb auf **-gach**

Durch dieses Konverb werden Temporalsätze wiedergegeben, die im Deutschen mit *wenn*, *sobald*, *als* beginnen:

Uyga qaytib kelgach choy ich!	Trinke Tee, wenn du nach Hause kommst!
Uyga qaytib kelgach choy ichishaylik.	Lasst uns zusammen Tee trinken, sobald wir nach Hause kommen.
Uyga qaytib kelgach choy ichdik.	Als wir nach Hause gekommen sind, haben wir Tee getrunken.

Ist das Subjekt der Nebenhandlung ein anderes als das der Haupthandlung, wird es zusätzlich an den Satzanfang gestellt:

Bolalar uyga qaytib kelgach choy ichamiz.	Wir trinken Tee, sobald die Kinder nach Hause kommen.

Auch ist es möglich, die Konverbform zu verneinen:

Siz kelmagach kinoga bordik.	Als ihr nicht gekommen seid, sind wir ins Kino gegangen.

8. Das Konverb auf **-gali/-gani**

Das Konverb auf **-gali**, in der gesprochenen Sprache **-gani**, dient der Wiedergabe von Finalsätzen, die im Deutschen durch den Infinitiv mit *um zu* eingeleitet werden:

Anvar kitobni qaytarib bergali/bergani keldi.	Anvar ist gekommen, um das Buch zurückzugeben.
Qizimni meva sotib olgali/olgani bozorga yubordim.	Ich habe meine Tochter auf den Markt geschickt, um Obst zu kaufen.

9. Das Konverb auf -guncha

Dieses Konverb tritt in zweierlei Bedeutungen auf: Zum einen werden Modalsätze wiedergegeben, die im Deutschen mit *statt zu* beginnen:

Televizor tomosha qilguncha suhbatlashaylik!	Statt fernzusehen lasst uns lieber uns unterhalten!
Avtobusni kutguncha piyoda yursak bo'lmaydimi?	Sollten wir nicht besser zu Fuß gehen, statt auf den Bus zu warten?

Vor allem aber dient es der Wiedergabe vom Temporalsätzen, die im Deutschen durch *bis* eingeleitet werden:

Ko'rishguncha xayr!	Alles Gute, bis wir uns wiedersehen!
Yana uchrashguncha!	Bis wir uns wieder treffen!
Bolalar maktabdan qaytib kelguncha ovqatni tayorlayman.	Ich richte das Essen, bis die Kinder aus der Schule zurückkommen.

Vereinzelt wird in diesem Zusammenhang auch die Form **-gun** wie ein Verbalnomen behandelt und dekliniert:

Siz uyga qaytib kelguningizga qadar ovqatni tayorlayman.	Ich richte das Essen, bis ihr nach Hause kommt.
Men kech kirguniga qadar ishladim.	Ich habe gearbeitet, bis es Abend geworden ist.

XI. Konjunktionen

Die am häufigsten verwendeten Konjunktionen sind:

va *und*:

| Ikkita o'g'lim va bitta qizim bor. | Ich habe zwei Söhne und eine Tochter. |

Stehen beide Substantive im gleichen Kasus, wird nur das zweite Substantiv dekliniert:

| Qizim o'qish va yozishni o'rgandi. | Meine Tochter hat lesen und schreiben gelernt. |

In der gesprochenen Sprache wird **va** häufig als Suffix **-(y)u** an das vorausgehende Substantiv angefügt:

Qizim o'qishu yozishni o'rgandi.	Meine Tochter hat lesen und schreiben gelernt.
Men ertayu kech ishladim.	Ich habe früh und spät gearbeitet.
Soat ikki-yu besh.	Es ist zwei Uhr (und) fünf.

bilan *mit, und*:
Durch **bilan** *mit* wird eine stärkere Gemeinsamkeit als durch **va** zum Ausdruck gebracht:

| Samarqand bilan Toshkent orasidagi masofa qancha? | Wie viel beträgt die Entfernung zwischen Samarkand und Taschkent? |

ham *auch*:

| Ikki akam bor, ikkalasi ham oilali. | Ich habe zwei ältere Brüder; beide haben auch Familie. |

Auch **ham** wird in der Umgangssprache häufig zum Suffix und als **-(y)am** an das vorausgehende Wort angefügt:

Film qiziqmi?	Ist der Film interessant?
Hecham qiziq emas.	Aber auch gar nicht interessant.
Akangiz ham o'qivutchimi?	Ist Ihr älterer Bruder auch Lehrer?
Ha, uyam o'qituvchi.	Ja, er ist auch Lehrer.

Hinter eine konditionale Verbform gestellt, dient es zur Bildung von Konzessivsätzen:

Bugun yomg'ir yog'sa ham shaharga boramiz.	Wenn es heute auch regnet, so gehen wir doch in die Stadt.

ham ... ham *sowohl ... als auch*:

Singlim ham, ukam ham o'zbek tilini biladi.	Sowohl meine jüngere Schwester als auch mein jüngerer Bruder können Usbekisch.

agar *wenn*:
Das Wort **agar** ist persischen Ursprungs und kann an den Beginn von Konditionalsätzen gestellt werden, um gleich zu Beginn des Satzes deutlich zu machen, dass ein Konditionalsatz folgt:

Agar kinoga borsangiz men ham birga boraman.	Wenn ihr ins Kino geht, gehe ich auch mit.

ammo, lekin *aber, sondern, jedoch*:

O'zbek ko'p yer yuzida, ammo olamda boshqa O'zbekiston yo'q.	Auf der Erde gibt es viele Usbeken, aber auf der Welt gibt es kein anderes Usbekistan.
Men mashinani hayday olaman, lekin uni tuzata olmayman.	Ich kann ein Auto fahren, aber ich kann es nicht reparieren.
Biz ertaga ishlamaymiz, lekin dam olamiz.	Wir werden morgen nicht arbeiten, sondern ausruhen.

chunki *denn*:
Auch dieses Wort ist persischen, d.h. indogermanischen Ursprungs:

| Bugun shaharga bormayman, chunki bandman. | Ich gehe heute nicht in die Stadt, denn ich bin beschäftigt. |

na ... na *weder ... noch*:
Bei dieser ebenfalls aus dem Persischen stammenden Negation kann das Prädikat in seiner bejahten Form bleiben:

| Ertaga na teatrga boraman, na kinoga boraman. | Morgen werde ich weder ins Theater noch ins Kino gehen. |

yoki *oder*:

| Ertaga ertalab senga qo'ng'iroq qilaman yoki sen menga qo'ng'iroq qil! | Morgen früh rufe entweder ich dich an, oder rufe du mich an! |

yoki ... yoki *entweder ... oder*:

| Mehmonimiz yoki ertaga keladi, yoki Yakshanba kuni keladi. | Unser Gast wird entweder morgen oder am Sonntag kommen. |

-ki *dass*:
Auch bei dieser Konjunktion handelt es sich um ein Wort persischen Ursprungs. Es dient der Einleitung von Konsekutivsätzen; entsprechend ist die Wortfolge in einem solchen Satz keine usbekische, sondern eine indogermanische:

| Demoqchimanki ertaga kela olmayman. | Ich möchte sagen, dass ich morgen nicht kommen kann. |
| Havo uncha yomon bo'ldiki, biz tashqariga chiqa olmadik. | Das Wetter war derart schlecht, dass wir nicht nach draußen gehen konnten. |

Die Vermutung liegt nahe, dass aus dieser Konjunktion die Verstärkungspartikel **-ku** entstanden ist:

| Havo uncha yomon bo'ldi-ku ...! | Das Wetter war ja derart schlecht ...! |

XII. Partikeln

Allen Partikeln ist gemeinsam, dass sie die Betonung auf die jeweils letzte Silbe des unmittelbar vorausgehenden Wortes ziehen.

Das Suffix **-ku** dient der Verstärkung von Aussagen:

Havo uncha yomon bo'ldi-ku!	Das Wetter war ja derart schlecht!
Akmal qayerda? „Soat toqqizda Registonda bo'laman" degan edi-ku!	Wo ist Akmal? Er hatte doch gesagt, dass er um neun Uhr am Registan sein wird!

Das Suffix **-chi** kann als eine Art Fragepartikel im Sinne von *wie steht es mit ...* an jeden Satzteil angefügt werden:

Yaxshimisiz?	Geht es Ihnen gut?
Rahmat, yaxshiman; o'zingiz-chi?	Danke, es geht mir gut; und Ihnen?
Bizga meva kerak, sizga-chi?	Wir brauchen Obst, und ihr?
Bizda palov bor, sizda-chi?	Bei uns gibt es Pilav, und bei euch?

Des Weiteren verleiht es Aufforderungen einen gewissen Nachdruck:

Yozing-chi!	So schreiben Sie schon!
Yana biroz qolsangiz-chi, hali uncha kech emas-ku!	So bleiben Sie doch noch ein bisschen; es ist doch noch gar nicht spät!

Die Partikel **-(y)oq** dient dazu, temporale Adverbien im Sinne von *gleich, unmittelbar, sofort* zu verstärken:

Sen bu xatni bugunoq jo'natishing kerak.	Du musst den Brief gleich heute abschicken.
Quyosh chiqishi bilanoq turdik.	Wir sind gleich bei Sonnenaufgang aufgestanden.
Birinchi uchrashganimizdayoq Siz menga yoqib qolgansiz.	Sie haben mir gleich bei unserem ersten Treffen gefallen.

Nonushta qiliboq ishga bordim.	Ich habe gefrühstückt und bin gleich darauf zur Arbeit gegangen = kaum dass ich gefrühstückt hatte, bin ich zur Arbeit gegangen.

Die Partikel **-gina** beinhaltet eine Einschränkung oder Bedeutungsabschwächung des vorausgehenden Wortes und kann darüber hinaus als Diminutivsuffix verwendet werden:

Iltimos ozgina sabr qiling!	Bitte haben Sie ein klein wenig Geduld!
Non hali ham issiqqina.	Das Brot ist noch ein bisschen heiß.
Ko'chadan faqat ko'k chiroq yongandagina o'ting!	Geht nur über die Straße, wenn das grüne Licht brennt = geht nur bei Grün über die Straße!
Havo yaxshi bo'lsagina shaharga boramiz.	Nur wenn das Wetter schön ist, gehen wir in die Stadt.
Qizginam qayerda?	Wo ist mein kleines Mädchen?

XIII. Wortbildung

Das Usbekische besitzt eine große Anzahl von Suffixen zur Bildung von Substantiven, Adjektiven, Adverbien und Verbstämmen auf der Basis bereits existierender Substantive, Adjektive, Adverbien und Verbstämme. Dabei kann es vielfach zu Suffixhäufungen kommen, denn gerade im Bereich der Wortbildung zeigt sich die Vorliebe für den geradezu spielerischen Umgang mit Suffixen, der alle Turksprachen auszeichnet. Alle Wortbildungselemente im Einzelnen aufzuführen, würde den Rahmen des vorliegenden Buches sprengen. Es soll daher nur eine repräsentative Auswahl vorgestellt werden.

1. Substantive auf **-xona**

Das Substantiv **xona** ist nicht nur ein aus dem Persischen stammendes selbständiges Wort für *Haus, Herberge*. Im Usbekischen hat es die Bedeutung *Raum, Zimmer*; darüber hinaus dient es als Suffix zur Bezeichnung bestimmter Gebäulichkeiten:

choy	Tee	choyxona	Teehaus
dori	Medikament	dorixona	Apotheke
kasal	krank	kasalxona	Krankenhaus
mehmon	Gast	mehmonxona	Hotel

2. Substantive auf **-dosh**

Ein Wort mit diesem Suffix bezeichnet eine Person, die mit einer anderen die betreffende Sache gemeinsam hat:

kasb	Beruf	kasbdosh	Berufskollege
qarin	Leib	qarindosh	Verwandter
sinf	Klasse	sinfdosh	Klassenkamerad
vatan	Vaterland	vatandosh	Landsmann

3. Substantive auf -cha

Das Suffix **-cha** wird an Substantive angefügt und bildet Diminutive:

bog'	Garten	bog'cha	Gärtchen
bola	Kind	bolacha	Kindchen
kitob	Buch	kitobcha	Büchlein
uy	Haus	uycha	Häuschen

4. Substantive auf -chi

Das Suffix **-chi** wird an Substantive angefügt; das so entstehende Wort bezeichnet eine Person, die sich in erster Linie berufsmäßig mit dem durch das Substantiv bezeichneten Begriff beschäftigt:

baliq	Fisch	baliqchi	Fischer
gazeta	Zeitung	gazetachi	Journalist
ipak	Seide	ipakchi	Seidenhersteller
ish	Arbeit	ishchi	Arbeiter

Solche Bildungen sind auch dann möglich, wenn das zugrundeliegende Substantiv selbst bereits mittels Suffix entstanden ist:

o'qituv	Lehren	o'qituvchi	Lehrer
o'quv	Lernen	o'quvchi	Schüler
sotuv	Verkauf	sotuvchi	Verkäufer
tikuv	Nähen	tikuvchi	Schneider

5. Substantive auf -gi

Fügt man **-gi** an Verbstämme, erhält man Substantive, die vor allem im Zusammenhang mit dem Verb **kelmoq** *kommen* dazu dienen, einem inneren Bedürfnis Ausdruck zu geben:

yozmoq	schreiben	yozgi	Schreiben
o'qimoq	lesen	o'qigi	Lesen
kulmoq	lachen	kulgi	Gelächter
yig'lamoq	weinen	yig'lagi	Weinen

| Kinoga borgim keladi. | Ich bekomme Lust, ins Kino zu gehen. |
| Bugun ishlagim kelmadi. | Ich hatte heute keine Lust zu arbeiten. |

6. Substantive auf -lik

Mit Hilfe des Suffixes **-lik** werden in erster Linie Abstrakta gebildet, die im Deutschen mehrheitlich auf *-heit, -keit, -schaft* oder *-tum* enden:

boy	reich	boylik	Reichtum
do'st	Freund	do'stlik	Freundschaft
kasal	krank	kasallik	Krankheit
ozod	frei	ozodlik	Freiheit

Durch Anfügung an Berufsbezeichnungen werden die Ausübung des betreffenden Berufs wie auch die zugehörige Dienststelle bezeichnet:

baliqchi	Fischer	baliqchilik	Fischerei
ministr	Minister	ministrlik	Ministerium
o'qituvchi	Lehrer	o'qituvchilik	Lehrerberuf
soatsoz	Uhrmacher	soatsozlik	Uhrmacherberuf

Des Weiteren bildet es Adjektive, die in stärkerem Maße als diejenigen auf **-li** (vgl. S. 102) die Zugehörigkeit zu dem jeweiligen Begriff ausdrücken:

ikki kishi	zwei Personen	ikki kishilik	für zwei Personen
besh daqiqa	fünf Minuten	besh daqiqalik	fünfminütig
ikki soat	zwei Stunden	ikki soatlik	zweistündig
uch oy	zwei Monate	uch oylik	dreimonatig

Fügt man das Suffix an Ortsnamen, bringt man die Abstammung von bzw. die Verbundenheit mit diesem Ort zum Ausdruck:

Toshkent	Taschkent	Toshkentlik	aus Taschkent
Samarqand	Samarkand	Samarqandlik	aus Samarkand
Afrika	Afrika	Afrikalik	afrikanisch
Amerika	Amerika	Amerikalik	amerikanisch

7. Adjektive auf -li

Mit Hilfe dieses Suffixes werden aus Substantiven die dazugehörigen Adjektive gebildet:

baxt	Glück	baxtli	glücklich
kuch	Kraft	kuchli	kräftig
maza	Geschmack	mazali	schmackhaft
sabr	Geduld	sabrli	geduldig

An das Partizip **-(a)r** angefügt entstehen Adjektive der Durchführbarkeit:

qiziqmoq	sich interessieren	qiziqarli	interessant
quvonmoq	sich freuen	quvonarli	erfreulich
tushunmoq	verstehen	tushunarli	verständlich
zerikmoq	sich langweilen	zerikarli	langweilig

8. Adjektive auf -siz

Dieses Suffix ist die negative Entsprechung des Suffixes **-li**. Es entspricht sowohl der deutschen Präposition *ohne* wie auch der Anfangssilbe *un-* und der Endung *-los*:

baxt	Glück	baxtsiz	unglücklich
kuch	Kraft	kuchsiz	kraftlos, schwach
maza	Geschmack	mazasiz	ohne Geschmack
sabr	Geduld	sabrsiz	ungeduldig

9. Das Zugehörigkeitssuffix -gi/-ki

An die Kurzform des Genitivs **-ni** angefügt entstehen durch dieses Suffix substantivierte Possessive:

Bu uy bizniki.	Dieses Haus ist unseres = dieses Haus gehört uns.
Men sizni biznikiga taklif qilmoqchiman.	Ich möchte Sie zu den Unsrigen/zu uns einladen.

Fügt man **-gi** an den Lokativ, entstehen Adjektive, die das Vorhandensein an einem Ort zum Ausdruck bringen und attributiv vor das dazugehörige Substantiv gestellt werden:

Buyerdagi hamma narsalar men uchun yangi va qiziqarlidir.	Alle Dinge hier sind für mich neu und interessant.
Samarqand bilan Toshkent orasidagi masofa qancha?	Wie viel beträgt die Entfernung zwischen Samarkand und Taschkent?

Schließlich tritt das Suffix an Substantive und Adverbien mit örtlicher und zeitlicher Bedeutung unmittelbar an und bildet aus ihnen Adjektive:

bugungi	heutig	ostki	untere(r)
ertalabki	morgendlich	ustki	obere(r)
tushki	mittäglich	ichki	innere(r)
kechki	abendlich	tashqi	äußere(r)

10. Die Äquativsuffixe **-dek** und **-day**

Beide Suffixe haben den gleichen Ursprung und entsprechen in ihrer Anwendung der Postposition **kabi** *(genau) wie* (vgl. S. 32):

Mening akam ham xuddi otamizdek o'qituvchi.	Mein älterer Bruder ist auch Lehrer, genau wie unser Vater.
Bu suv muzday sovuq.	Dieses Wasser ist kalt wie Eis.

An Verbalnomina angefügt dienen sie der Wiedergabe von Komparativsätzen, wobei *wie* auch zu *wie wenn*, *als ob* in irrealen Vergleichssätzen werden kann. Im letzteren Fall wird diese Bedeutung häufig durch das aus dem Persischen stammende **go'yo** *geradezu, gewissermaßen*, verstärkt:

Kitobni men aytgandek so'radingmi?	Hast du nach dem Buch gefragt, wie ich es gesagt habe?
Hammasi kutganimizday bo'ldi.	Es hat sich alles so zugetragen, wie wir es erwartet hatten.
Bola go'yo bizdan biror narsani so'ramoqchidek og'zini ochdi.	Das Kind öffnete seinen Mund, als wollte es uns etwas fragen.
Sadriddin go'yo so'zimni eshitmaganday xonadan chiqdi.	Sadriddin ging aus dem Zimmer, als hätte er meine Worte nicht gehört.

11. Das Äquativsuffix -cha

Dieses Suffix entspricht in seiner Anwendung der Postposition **qadar** *nach Art wie, in dem Maße wie, in etwa, ungefähr* (vgl. S. 32) und *bis* (vgl. S. 34) wie auch den Postpositionen **qaraganda** und **ko'ra** *gemäß, zufolge* (vgl. S. 34). Es dient zum Ausdruck der Qualität einer Person oder Sache wie auch der Wiedergabe einer geschätzten Menge. Personalpronomina stehen in diesem Zusammenhang im Genitiv:

erkakcha	mannhaft	sakkiztacha	etwa acht
botirlarcha	heldenhaft	bir yilcha	etwa ein Jahr
do'stlarcha	freundschaftlich	minglarcha	tausende
insonlarcha	menschlich	buncha, shuncha	so viel, so sehr

Meningcha bu film tomosha qilishga arzimaydi.	Nach meiner Ansicht lohnt es sich nicht, diesen Film anzusehen.
Ahmadning fikricha bu film tomosha qilishga arzimaydi.	Nach Ahmeds Ansicht lohnt es sich nicht, diesen Film anzusehen.
Ahmadning aytganicha bu film tomosha qilishga arzimaydi.	Nach Ahmeds Aussage lohnt es sich nicht, diesen Film anzusehen.
Eshitganimcha Siz kecha kelibsiz.	Wie ich gehört habe, seid ihr gestern gekommen.
Gazetaning yozishicha ertaga yomg'ir yog'ar.	Gemäß dem, was die Zeitung schreibt, wird es morgen regnen.

Durch Anfügung an Nationalitätsbezeichnungen entstehen die dazugehörigen Sprachbezeichnungen:

Ingliz	Engländer(in)	inglizcha	auf Englisch
Nemis	DeutscheD	nemischa	auf Deutsch
O'zbek	Usbeke, Usbekin	o'zbekcha	auf Usbekisch
Rus	Russe, Russin	ruscha	auf Russisch

An den Dativ angefügt drückt es räumlich und zeitlich *bis* aus:

| Buxorogacha necha kilometr? | Wie viele Kilometer sind es bis Buchara? |
| Men soat sakkizdan o'n ikkigacha ishladim. | Ich habe von acht bis zwölf Uhr gearbeitet. |

12. Verbstämme auf -la

Durch Anfügung des Suffixes **-la** an Substantive und Adjektive entstehen Verbstämme:

bosh	Kopf, Anfang	boshlamoq	beginnen
ish	Arbeit	ishlamoq	arbeiten
es	Gedächtnis	eslamoq	sich erinnern
tayor	bereit	tayorlamoq	bereiten, richten

13. Reflexive Verbstämme

Die in den folgenden Abschnitten behandelten reflexiven, reziproken, kausativen und passiven Verbstämme entstehen mit Hilfe von Suffixen, die direkt auf den Stamm eines Verbs folgen.

Das Suffix zur Bildung reflexiv erweiterter Verbstämme lautet **-(i)n**:

kiymoq	anziehen	kiyinmoq	sich anziehen
yuvmoq	waschen	yuvinmoq	sich waschen
taramoq	kämmen	taranmoq	sich kämmen
yechmoq	ausziehen	yechinmoq	sich ausziehen

Daneben gibt es eigenständige Verben mit der reflexiven Form von **-la**:

kasal	krank	kasallanmoq	erkranken
ovqat	Speise	ovqatlanmoq	speisen
tinch	ruhig	tinchlanmoq	sich beruhigen
uy	Haus	uylanmoq (masc.)	sich verheiraten

14. Reziproke Verbstämme

Das Suffix zur Bildung reziproker Verbstämme lautet **-(i)sh**:

ko'rmoq	sehen	ko'rishmoq	sich sehen
tanimoq	kennen	tanishmoq	einander kennen
uchramoq	begegnen	uchrashmoq	sich treffen
urmoq	schlagen	urishmoq	sich prügeln

Auch gibt es eigenständige Verben mit der reziproken Form von **-la**:

do'st	Freund	do'stlashmoq	sich anfreunden
salom	Gruß	salomlashmoq	sich begrüßen
vido	Abschied	vidolashmoq	sich verabschieden
yordam	Hilfe	yordamlashmoq	einander helfen

Neben seiner reziproken hat dieses Suffix auch kooperative Bedeutung:

gapirmoq	sprechen	gapirishmoq	sich besprechen
kulmoq	lachen	kulishmoq	miteinander lachen
o'qimoq	lesen	o'qishmoq	gemeinsam lesen
o'tirmoq	sitzen	o'tirishmoq	zusammensitzen

Dieses sogenannte Kooperativsuffix ersetzt häufig bei finiten Verbformen in der 3. Person Plural das Pluralsuffix:

yozishyapti	anstelle von yozyaptilar	sie schreiben
yozishadi	anstelle von yozadilar	sie werden schreiben
yozishdi	anstelle von yozdilar	sie haben geschrieben
yozishibdi	anstelle von yozibdilar	sie haben geschrieben

15. Kausative Verbstämme

Das Usbekische kennt mehrere Kausativsuffixe; es lassen sich nur annäherungsweise Regeln dafür aufstellen, welches Suffix an einen bestimmten Verbstamm anzuschließen ist.

Das Suffixe **-giz/-kiz** wie auch **-gaz/-kaz** folgen auf einsilbige Verbstämme, die auf die Konsonanten **r**, **t** oder **y** enden:

kiymoq	anziehen	kiygizmoq	anziehen lassen
bitmoq	enden	bitkizmoq	beenden
ko'rmoq	sehen	ko'rgazmoq	zeigen
o'tmoq	vorbeigehen	o'tkazmoq	verbringen

Einsilbige Verbstämme auf **-g** oder **-q** erhalten das Suffix **-iz**:

boqmoq	schauen	boqizmoq	schauen lassen
oqmoq	fließen	oqizmoq	fließen lassen
tegmoq	berühren	tegizmoq	berühren lassen

Das Suffix **-dir/-tir** folgt auf einsilbige Verbstämme auf sowie auf diejenigen konsonantisch auslautenden mehrsilbigen Verbstämme, die nicht auf **-l** oder **-r** enden:

bilmoq	wissen	bildirmoq	mitteilen
kelmoq	kommen	keltirmoq	bringen
kutmoq	warten	kuttirmoq	warten lassen
tushunmoq	verstehen	tushuntirmoq	erklären

Bei einsilbigen Verbstämmen auf **-sh** und **-ch** ist der Anfangskonsonant **-d/-t** des Kausativsuffixes entfallen:

ichmoq	trinken	ichirmoq	zu trinken geben
ochmoq	öffnen	ochirmoq	öffnen lassen
pishmoq	kochen (intr.)	pishirmoq	kochen (tr.)
tushmoq	fallen	tushirmoq	fallen lassen

Bei einigen weiteren erhält das Suffix darüber hinaus den Vokal **-a**:

| chiqmoq | hinausgehen | chiqarmoq | herausholen |
| qaytmoq | zurückkehren | qaytarmoq | zurückgeben |

Demgegenüber folgt das Kausativsuffix **-t** auf mehrsilbige Verbstämme, die auf Vokal oder die Konsonanten **-l** oder **-r** enden:

tugamoq	enden	tugatmoq	beenden
o'qimoq	lesen	o'qitmoq	lehren
chaqirmoq	rufen	chaqirtmoq	rufen lassen
o'zgarmoq	sich ändern	o'zgartmoq	ändern

Zu dieser Gruppe gehören auch eigenständige Verben mit der kausativen Form von **la-**:

arzon	billig	arzonlatmoq	billiger machen
baland	hoch	balandlatmoq	höher machen
butun	ganz	butunlatmoq	vervollständigen
oydin	hell	oydinlatmoq	erhellen

16. Das Passiv

Für die meisten Verben, deren Verbstamm auf einen Konsonanten endet, sowie Verbstämme auf Vokal, ausgenommen diejenigen auf **la-**, lautet das Passivsuffix **-(i)l**:

kutmoq	erwarten	kutilmoq	erwartet werden
sotmoq	verkaufen	sotilmoq	verkauft werden
topmoq	finden	topilmoq	gefunden werden
tug'moq	gebären	tug'ilmoq	geboren werden

o'qimoq	lesen	o'qilmoq	gelesen werden
so'ramoq	fragen	so'ralmoq	gefragt werden
tanimoq	kennen	tanilmoq	gekannt werden
taramoq	kämmen	taralmoq	gekämmt werden

Endet der Verbstamm auf **-l**, lautet das Passivsuffix **-in**:

bilmoq	wissen	bilinmoq	gewusst werden
olmoq	nehmen	olinmoq	genommen werden
qilmoq	machen	qilinmoq	gemacht werden
solmoq	tun	solinmoq	getan werden

Verbstämme auf **la-** erhalten als Passivsuffix lediglich ein **-n**:

boshlamoq	beginnen	boshlanmoq	begonnen werden
eslamoq	sich erinnern	eslanmoq	erinnert werden
ishlamoq	arbeiten	ishlanmoq	gearbeitet werden
tayorlamoq	bereiten	tayorlanmoq	bereitet werden

Die deutsche Präposition *von* wird in diesem Zusammenhang durch die Substantive **taraf** oder **tomon** *Seite*, ergänzt um Possessiv- und Ablativsuffix, wiedergegeben. Dabei entfällt bei der 3. Person das Genitivsuffix:

Bu xat Ahmad tomonidan yozildi.	Dieser Brief wurde von Ahmad geschrieben.

XIV. Wortfolge

In Sätzen mit **bor** und **yo'q** wird berichtet, dass etwas vorhanden bzw. nicht vorhanden ist. Entsprechend werden vor der Nennung des Subjekts der zeitliche und räumliche Rahmen angegeben. Das Prädikat steht im Usbekischen am Satzende:

| Soat sakkizda kinoda qiziq bir film bor. | Um acht Uhr gibt es im Kino einen interessanten Film. |

In allen übrigen Sätzen steht das Subjekt des Satzes, sofern es sich um eine 3. Person handelt, am Satzanfang; erst danach folgen Zeitangabe, Postpositionalobjekt, Dativobjekt, Akkusativobjekt und Prädikat. Attribute stehen dabei stets undekliniert vor dem dazugehörigen Substantiv:

| Akam kecha kichik qizini chaqirdi. | Mein älterer Bruder hat gestern seine kleine Tochter gerufen. |

Ein wesentliches Charakteristikum des Usbekischen ist die Tatsache, dass es – abgesehen von Konditionalsätzen – keine Nebensätze bildet. Einerseits verwendet es Partizipien, die attributiv vor ein Substantiv gestellt werden (vgl. S. 78 ff.):

| Buxoroda ishlaydigan akam kecha kichik qizini chaqirdi. | Mein älterer Bruder, der in Buchara arbeitet, hat gestern seine kleine Tochter gerufen. |

Auf der anderen Seite drückt es Nebenhandlungen durch Konverbien aus (vgl. S. 83 ff):

| Buxoroda ishlaydigan akam kecha avtobus bilan uyga qaytib kelgach kichik qizini chaqirdi. | Mein älterer Bruder, der in Buchara arbeitet, hat, als er gestern mit dem Bus nach Hause zurückgekommen ist, seine kleine Tochter gerufen. |

Derjenige Teil, der im Deutschen dem Hauptsatz entspricht, steht im Usbekischen meist am Ende des Satzes. Bei der Übersetzung ins Deutsche empfiehlt es sich daher, zuerst den Satzteil nach einem Partizip oder Konverb als Hauptsatz zu übersetzen und anschließend den davor liegenden Teil einschließlich dem Partizip bzw. Konverb durch einen Nebensatz aufzulösen:

Siznikiga kelgan / qiz kim?	Wer ist das Mädchen, das zu euch gekommen ist?
Onasi siznikiga kelgan / qiz kim?	Wer ist das Mädchen, dessen Mutter zu euch gekommen ist?
Sen biznikiga taklif qilgan / qiz kim?	Wer ist das Mädchen, das du zu uns eingeladen hast?
Sen onasini biznikiga taklif qilgan / qiz kim?	Wer ist das Mädchen, dessen Mutter du zu uns eingeladen hast?

Teatrga borishga vaqtim yo'q deb / qo'rqaman.	Ich befürchte, ich habe keine Zeit ins Theater zu gehen.
Meni kutmang deb / men shoshildim.	Ich habe mich beeilt, damit ihr nicht auf mich warten müsst.
Xavotir bo'lmang deb / xat yozdim.	Ich habe einen Brief geschrieben, damit ihr euch nicht beunruhigt.
Uyga qaytib kelgach / choy ichdik.	Wir haben Tee getrunken, als wir nach Hause gekommen sind.
Meva sotib olgani / bozorga bordim.	Ich bin auf den Markt gegangen, um Obst zu kaufen.
Avtobusni kutguncha / piyoda yursak bo'lmaydimi?	Sollten wir nicht besser zu Fuß gehen, statt auf den Bus zu warten?
Siz maktabdan qaytib kelguncha / ovqatni tayorlayman.	Ich richte das Essen, bis ihr aus der Schule zurückkommt.

Anhang

Übersicht über die usbekischen Suffixe

-(a)r	Verbalnomen (S. 73), Themasuffix Präsens-Futur (S. 48)
-(a)y	Optativ 1. Person Singular (S. 57)
-(a)ylik	Optativ 1. Person Plural (S. 57)
-(a)yotgan	Verbalnomen (S. 60, 81)
-(a)yotir	Themasuffix Präsens (S. 44)
-(i)b	Konverb (S. 85), Themasuffix Perfekt (S. 53)
-(i)l	Passiv (S. 108)
-(i)m	Possessiv 1. Person Singular (S. 8)
-(i)miz	Possessiv 1. Person Plural (S. 8)
-(i)n	Reflexiv (S. 105)
-(i)nchi	Ordinalzahlen (S. 27)
-(i)ng	Imperativ 2. Person Plural, Kurzform (S. 57)
-(i)ng	Possessiv 2. Person Singular (S. 8)
-(i)ngiz	Possessiv 2. Person Plural (S. 8)
-(i)nglar	Imperativ 2. Person Plural, Langform (S. 57)
-(i)sh	Verbalnomen, Substantivbildung (S. 68, 72)
-(i)sh	Reziprok (S. 105)
-(i)sh	Kooperativ (S. 106)
-(s)i	Possessiv 3. Person Singular (S. 8)
-(y)am	Konjunktion **ham** als Suffix (S. 95)
-(y)oq	Partikel (S. 97)
-(y)u	Konjunktion **va** als Suffix (S. 94)
-a	Konverb (S. 83), Themasuffix Präsens-Futur (S. 48)
-adigan	Verbalnomen (S. 82), Themasuffix Präsens-Futur (S. 48)
-ala	Kollektivzahl (S. 26)
-cha	Substantivbildung (S. 100)
-cha	Äquativ (S. 29, 104)
-chi	Partikel (S. 97)
-chi	Substantivbildung (S. 100)
-da	Lokativ (S. 11)
-dan	Ablativ (S. 12)
-day, -dek	Äquativ (S. 103)

-di	perfektische Personalendung 3. Person Singular (S. 53, 54)
-dik	perfektische Personalendung 1. Person Plural (S. 54)
-dilar	perfektische Personalendung 3. Person Plural (S. 54)
-dim	perfektische Personalendung 1. Person Singular (S. 54)
-ding	perfektische Personalendung 2. Person Singular (S. 54)
-dingiz	perfektische Personalendung 2. Person Plural (S. 54)
-dir, -tir	Kausativ (S. 107)
-dir/-di/-ti	präsentische Personalendung 3. Person (S. 22, 36, 45 ff.)
-dirlar	präsentische Personalendung 3. Person Plural (S. 36)
-dosh	Substantivbildung (S. 99)
-ga	Dativ (S. 10)
-gach	Konverb (S. 92)
-gacha	bis (S. 104)
-gan	Verbalnomen (S. 74, 78), Themasuffix Perfekt (S. 53)
-gani	Konverb (S. 92)
-gi	Substantivbildung (S. 100)
-gi/-ki	Zugehörigkeit (S. 10, 11, 21, 102, 103)
-gina	Partikel (S. 98)
-giz/-gaz	Kausativ (S. 106)
-guncha	Konverb (S. 93)
-in	Passiv (S. 108)
-ir, -ar	Kausativ (S. 107)
-iz	Kausativ (S. 107)
-ki	Konjunktion (S. 96)
-kin	Dubitativ **ekan** als Suffix (S. 62)
-ku	Partikel (S. 97)
-la	Verbbildung (S. 105)
-lan	Verbbildung (S. 105)
-lar	Plural (S. 8)
-lari	Possessiv 3. Person Plural (S. 8)
-lash	Verbbildung (S. 106)
-lat	Verbbildung (S. 108)
-li	Adjektivbildung (S. 102)
-lik	Substantivbildung (S. 101)
-ma	Negation beim Vollverb (S. 43)
-man	präsentische Personalendung 1. Person Singular (S. 36)
-mas	Verbalnomen (S. 73), neg. Themasuffix Präsens-Futur (S. 48)
-masdan	Konverb (S. 91)
-maslik	Verbalnomen (S. 73)

-may	Konverb (S. 91)
-mi	Fragepartikel (S. 25, 36 ff.)
-miz	präsentische Personalendung 1. Person Plural (S. 36)
-moq	Infinitiv (S. 43)
-moqchi	Verbalnomen (S. 82), Themasuffix Präsens-Futur (S. 48)
-moqda	Verbalnomen (S. 82), Themasuffix Präsens (S. 44)
-n	Passiv (S. 108)
-ni	Akkusativ (S. 11)
-ning	Genitiv (S. 10)
-ov	Kollektivzahl (S. 26)
-roq	Komparativ (S. 16)
-sa	konditionale Personalendung 3. Person Singular (S. 64)
-sak	konditionale Personalendung 1. Person Plural (S. 64)
-salar	konditionale Personalendung 3. Person Plural (S. 64)
-sam	konditionale Personalendung 1. Person Singular (S. 64)
-san	präsentische Personalendung 2. Person Singular (S. 36)
-sang	konditionale Personalendung 2. Person Singular (S. 64)
-sangiz	konditionale Personalendung 2. Person Plural (S. 64)
-saydim	irrealer Konditional 1. Person Singular (S. 67)
-sayding	irrealer Konditional 2. Person Singular (S. 67)
-saydi	irrealer Konditional 3. Person Singular (S. 67)
-saydik	irrealer Konditional 1. Person Plural (S. 67)
-saydingiz	irrealer Konditional 2. Person Plural (S. 67)
-saydilar	irrealer Konditional 3. Person Plural (S. 67)
-sin	Imperativ 3. Person Singular (S. 57)
-sinlar	Imperativ 3. Person Plural (S. 57)
-siz	präsentische Personalendung 2. Person Plural (S. 36)
-siz	Adjektivbildung (S. 102)
-t	Kausativ (S. 107)
-ta	Zählwort (S. 26, 28)
-tadan	Distributivzahlen (S. 30)
-xona	Substantivbildung (S. 99)
-y	Konverb (S. 83), Themasuffix Präsens-Futur (S. 48)
-yap	Themasuffix Präsens (S. 44)
-ydigan	Verbalnomen (S. 82), Themasuffix Präsens-Futur (S. 48)

Übersicht über die Deklination

Substantive auf Konsonant: uy – Haus

Singular

	Haus	mein Haus	dein Haus	sein Haus
Nominativ	uy	uyim	uying	uyi
Genitiv	uyning	uyimning	uyingning	uyining
Dativ	uyga	uyimga	uyingga	uyiga
Akkusativ	uyni	uyimni	uyingni	uyini
Lokativ	uyda	uyimda	uyingda	uyida
Ablativ	uydan	uyimdan	uyingdan	uyidan

	unser Haus	euer Haus	ihr Haus
Nominativ	uyimiz	uyingiz	uylari
Genitiv	uyimizning	uyingizning	uylarining
Dativ	uyimizga	uyingizga	uylariga
Akkusativ	uyimizni	uyingizni	uylarini
Lokativ	uyimizda	uyingizda	uylarida
Ablativ	uyimizdan	uyingizdan	uylaridan

Plural

	Häuser	meine Häuser	deine Häuser	seine Häuser
Nominativ	uylar	uylarim	uylaring	uylari
Genitiv	uylarning	uylarimning	uylaringning	uylarining
Dativ	uylarga	uylarimga	uylaringga	uylariga
Akkusativ	uylarni	uylarimni	uylaringni	uylarini
Lokativ	uylarda	uylarimda	uylaringda	uylarida
Ablativ	uylardan	uylarimdan	uylaringdan	uylaridan

	unsere Häuser	eure Häuser	ihre Häuser
Nominativ	uylarimiz	uylaringiz	uylari
Genitiv	uylarimizning	uylaringizning	uylarining
Dativ	uylarimizga	uylaringizga	uylariga
Akkusativ	uylarimizni	uylaringizni	uylarini
Lokativ	uylarimizda	uylaringizda	uylarida
Ablativ	uylarimizdan	uylaringizdan	uylaridan

Anhang

Substantive auf Vokal: bola – Kind

Singular

	Kind	mein Kind	dein Kind	sein Kind
Nominativ	bola	bolam	bolang	bolasi
Genitiv	bolaning	bolamning	bolangning	bolasining
Dativ	bolaga	bolamga	bolangga	bolasiga
Akkusativ	bolani	bolamni	bolangni	bolasini
Lokativ	bolada	bolamda	bolangda	bolasida
Ablativ	boladan	bolamdan	bolangdan	bolasidan

	unser Kind	euer Kind	ihr Kind
Nominativ	bolamiz	bolangiz	bolalari
Genitiv	bolamizning	bolangizning	bolalarining
Dativ	bolamizga	bolangizga	bolalariga
Akkusativ	bolamizni	bolangizni	bolalarini
Lokativ	bolamizda	bolangizda	bolalarida
Ablativ	bolamizdan	bolangizdan	bolalaridan

Plural

	Kinder	meine Kinder	deine Kinder	seine Kinder
Nominativ	bolalar	bolalarim	bolalaring	bolalari
Genitiv	bolalarning	bolalarimning	bolalaringning	bolalarining
Dativ	bolalarga	bolalarimga	bolalaringga	bolalariga
Akkusativ	bolalarni	bolalarimni	bolalaringni	bolalarini
Lokativ	bolalarda	bolalarimda	bolalaringda	bolalarida
Ablativ	bolalardan	bolalarimdan	bolalaringdan	bolalaridan

	unsere Kinder	eure Kinder	ihre Kinder
Nominativ	bolalarimiz	bolalaringiz	bolalari
Genitiv	bolalarimizning	bolalaringizning	bolalarining
Dativ	bolalarimizga	bolalaringizga	bolalariga
Akkusativ	bolalarimizni	bolalaringizni	bolalarini
Lokativ	bolalarimizda	bolalaringizda	bolalarida
Ablativ	bolalarimizdan	bolalaringizdan	bolalaridan

Übersicht über die wichtigsten usbekischen Verbformen

Einfache finite Verbformen

	Vollverb	Hilfsverb *sein*
Präsens -yap	yozyapman	-man, -san etc.
Präsens -(a)yotir	yozayotirman	
Präsens -moqda	yozmoqdaman	
Präsens-Futur -a/-y	yozaman	bo'laman
Präsens-Futur -(a)r/mas	yozarman	bo'larman
Präsens-Futur -moqchi	yozmoqchiman	bo'lmoqchiman
Perfekt -di	yozdim	edim
Perfekt -gan	yozganman	(ekanman)
Perfekt -(i)b	yozibman	bo'libman
Optativ 1. Personen	yozay, yozaylik	bo'lay, bo'laylik
Imperativ 2. Personen	yoz, yozing(lar)	bo'l, bo'ling(lar)
Imperativ 3. Personen	yozsin, yozsinlar	bo'lsin, bo'lsinlar
realer Konditional	yozsam	bo'lsam

Konverbien

-(i)b	yozib	bo'lib
-a/-y	yoza	bo'la
-may	yozmay	bo'lmay
-masdan	yozmasdan	bo'lmasdan
-gani/-gali	yozgani	bo'lgani
-gach	yozgach	bo'lgach
-guncha	yozguncha	bo'lguncha

Verbalnomina

-moq	yozmoq	bo'lmoq
-moqda	yozmoqda	bo'lmoqda
-moqchi	yozmoqchi	bo'lmoqchi
-(i)sh	yozish	bo'lish
-(a)r/-mas	yozar	bo'lar
-gan	yozgan	ekan/bo'lgan
-adigan/-ydigan	yozadigan	bo'ladigan
-(a)yotgan	yozayotgan	bo'layotgan

Die deutschen Nebensätze und ihre usbekischen Entsprechungen

als (temporal)	-sa (S. 66), -(i)shi bilan (S. 71), -ganda (S. 75), -gan paytda (S. 80), -(i)b (S. 85), -gach (S. 92)
als ob (modal)	-day, -dek (S. 103), -ganga o'xshamoq (S. 80)
bevor (temporal)	-ishdan oldin (S. 72), -masdan burun/oldin (S. 73)
bis (temporal)	-guncha (S. 93), -ga qadar (S. 93)
dadurch, dass (modal)	-a/-y (S. 83), -(i)b (S. 85)
damit, dass (final)	deb (S. 91)
dass-Sätze	-(i)shi (S. 70), -masligi (S. 73), -ganligi (S. 74, 81)
indem (modal)	-a/-y (S. 83), -(i)b (S. 85)
indirekte Fragesätze	-(i)shi (S. 71), -ganligi (S. 74, 81)
Infinitiv mit zu	-(i)sh (S. 68), -maslik (S. 73)
je ... desto (modal)	-gan sayin/sari (S. 76)
kaum dass (temporal)	-ishi bilanoq, -(i)boq , -ganidayoq (S. 97)
nachdem (temporal)	-gandan keyin (S. 76)
ob	-(i)sh -maslik (S. 73), -gan -magan(lik) (S. 74), deb (S. 90)
obwohl (konzessiv)	-(i)shiga qaramasdan (S. 71), -ganiga qaramasdan (S. 75), -(i)b (S. 85)
ohne zu (modal)	-may, -masdan (S. 91)
Relativsätze	-gan (S. 78, 81, 82)
seitdem (temporal)	-ganidan beri (S. 74)
so dass (konsekutiv)	-ki (S. 96)
sobald (temporal)	-(i)shi bilan (S. 71), -ganda (S. 75), -gach (S. 92)
solange (temporal)	-guncha (S. 93)
sowie (temporal)	-(i)shi bilan (S. 71), -ganda (S. 75), -gach (S. 92)
statt dass, statt zu	-(i)sh o'rniga (S. 69), -guncha (S. 93)
um zu (final)	-(i)sh uchun (S. 69), -maslik uchun (S. 73), -gani (S. 92)
während (temporal)	-(i)b (S. 85), -ganda (S. 75), -gan paytda (S. 80), -(a)r ekan (S. 62)
weil (kausal)	-gan(lig)i uchun/tufayli (S. 75), deb (S. 91)
wenn (temporal)	-gach (S. 92), -gan paytda (S. 80)
wenn (konditional)	-sa (S. 64), -ganda (S. 75)
wenn auch (konzessiv)	-sa ham (S. 65)
wie (modal)	-gani kabi (S. 74), -day, -dek (S. 103)
wobei (modal)	-a/-y (S. 83), -(i)b (S. 85)

Alphabetisches Vokabelverzeichnis

aeroport	Flughafen	bekorga	umsonst
afandi	Herr	beri	seit
afsus, afsuski	leider	bermoq	geben
agar	wenn	besh	fünf
aka	älterer Bruder	bezovta	ängstlich
albatta	bestimmt	bilan	mit, und
allakim	irgend jemand	bildirmoq	mitteilen
allanima	irgend etwas	bilmoq	wissen, können
allaqayerda	irgendwo	bino	Gebäude
ammo	aber	bir	eins
Amudaryo	Fluss Amu Darya	bir-bir	einander
ana	sieh dort	birdan	auf einmal
aralashmoq	sich einmischen	birga	gemeinsam
arzimoq	lohnen	biror	irgend ein
arzon	billig	birov	einer
arzonlatmoq	verbilligen	biroz	ein wenig
atamoq	nennen	biz	wir
Avgust	August	bog'	Garten
avval	vorher	bog'cha	Gärtchen
axtarmoq	suchen	bola	Kind
aylanmoq	umhergehen	bolacha	Kindchen
aytmoq	sagen	boqizmoq	schauen lassen
ba'zan	manchmal	boqmoq	schauen
bagaj	Gepäck	bor	vorhanden
bajarmoq	erledigen	borish	Hinfahrt
bajonidil	mit Freude	bormoq	gehen, fahren
baland	hoch	bosh	leer, frei
balandlatmoq	höher machen	bosh	Kopf
baliq	Fisch	boshlab	angefangen von
baliqchi	Fischer	boshlamoq	beginnen (tr.)
baliqchilik	Fischerei	boshlanmoq	beginnen (itr.)
balki(m)	vielleicht	boshqa	anderer
band	beschäftigt	bosmoq	drücken
barg	Blatt	botirlarcha	heldenhaft
baxt	Glück	boy	reich
baxtli	glücklich	boylik	Reichtum
baxtsiz	unglücklich	bozor	Bazar, Markt
bayram	Fest	bu	dieser, diese

bu yerda	hier	eng	am ... -sten
bugun	heute	erkakcha	mannhaft
bugungi	heutig	erta	früh
buncha	so sehr	ertaga	morgen
bunday	solch	ertalab	morgens
burun	vorher	ertalabki	morgendlich
butun	ganz, alle	es	Gedächtnis
Buxoro	Stadt Buchara	esa	hingegen
buyon	seit	eshik	Tür
bo'lmoq	werden, sein	eshitmoq	hören
bo'yin	Hals	eski	alt
daftar	Heft	eslamoq	sich erinnern
dala	Feld	eslatmoq	erinnern (tr.)
dam olmoq	ausruhen	etik	Stiefel
daqiqa/minut	Minute	fan	Wissenschaft
daraxt	Baum	fikr	Meinung, Idee
darhol	sofort	film	Film
dars	Lektion, Unterricht	firma	Firma
		foiz	Prozent
daryo	Fluss	gap	Rede, Wort
davom etmoq	fortfahren	gapirmoq	sprechen
davr	Epoche, Ära	gaplashmoq	sich unterhalten
demoq	sagen	gazeta	Zeitung
dengiz	Meer	gazetachi	Journalist
deraza	Fenster	gilam	Kelim, Teppich
doim	immer	gul	Blume
doktor	Arzt	go'sht	Fleisch
dori	Medikament	go'yo	als ob, geradezu
dorixona	Apotheke	go'za	Baumwollpflanze
dugona	Freundin	ha	ja
do'kon	Laden, Geschäft	hafta	Woche
do'st	Freund	hali	noch
do'stlarcha	freundschaftlich	ham ... ham	sowohl .. als auch
do'stlashmoq	sich anfreunden	hamma	alle
do'stlik	Freundschaft	hamma vaqt	immer
ehtiyot bo'lmoq	vorsichtig sein	haq	Betreff, Thema
ellik	fünfzig	har vaqt	jederzeit
emas	nicht	har yerda	überall
endi	jetzt	harakat qilmoq	sich bemühen

havo	Luft, Wetter	jon	Seele, Herz
haydamoq	fahren, steuern	juda	sehr
hech	überhaupt	jo'namoq	abreisen
hech qachon	niemals	jo'natmoq	abschicken
hech yerda	nirgends	kabi	wie
his qilmoq	fühlen	kalit	Schlüssel
hisob	Rechnung	kam	wenig
hovli	Gehöft	karvon	Karawanr
hozir	jetzt, gleich	kasal	krank
hudud	Grenze	kasallanmoq	erkranken
hujjat	Dokument	kasallik	Krankheit
hukumat	Regierung	kasalxona	Krankenhaus
hush	Bewusstsein	kasb	Beruf
ho'l	nass, frisch	kasbdosh	Berufskollege
ich	Inneres	katta	groß, erwachsen
ichirmoq	zu trinken geben	kech	spät
ichkarida	drinnen	kech qolmoq	zu spät kommen
ichki	innere(r)	kecha	Nacht, Abend, gestern
ichmoq	trinken		
ikki	zwei	kechikmoq	sich verspäten
ilgari	vor	kechirmoq	verzeihen
iltimos	bitte	kechki	abendlich
iltimos qilmoq	bitten	kechqurun	abends
indinga	übermorgen	kelasi	nächste(r)
Ingliz	Engländer(in)	kelish	Ankunft
inglizcha	auf Englisch	kelmoq	kommen
inson	Mensch	keltirmoq	bringen
insonlarcha	menschlich	kerak	notwendig
ipak	Seide	kesmoq	(ab)schneiden
ipakchi	Seidenhersteller	ketish	Abfahrt
ish	Arbeit	ketmoq	(weg)gehen
ishchi	Arbeiter	keyin	später
ishlamoq	arbeiten	kichik	klein
ism	Name	kilogram	Kilo
issiq	warm, heiß	kim	wer
istamoq	wollen, wünschen	kimda	bei wem
it	Hund	kimdan	von wem
javob	Antwort	kimdir	jemand
jiringlamoq	klingeln	kimga	wem

kimni	wen	limon	Zitrone
kimning	wessen	madrasa	Medrese
kino	Kino	majbur bo'lmoq	gezwungen sein
kirgizmoq	eintreten lassen	maktab	Schule
kirish	Eingang	mana	sieh hier
kirishmoq	sich anschicken	maqsad	Absicht
kirmoq	eintreten	marhamat	Gunst, bitte sehr
kishi	Person	markaz	Zentrum
kitob	Buch	mashina	Auto
kitobcha	Büchlein	maslahat bermoq	empfehlen, raten
kiygizmoq	anziehen lassen	masofa	Entfernung
kiyinmoq	sich anziehen	matn	Text
kiymoq	anziehen	mavjut	vorhanden
kuch	Kraft	May	Mai
kuchaymoq	kräftiger werden	mayli	in Ordnung
kuchli	kräftig	maza	Geschmack
kuchsiz	kraftlos	mazali	schmackhaft
kulgi	Gelächter	mazasiz	ohne Geschmack
kulishmoq	miteinander lachen	mehmon	Gast
		mehmondorchilik	Gastfreundschaft
kulmoq	lachen	mehmonxona	Hotel
kun	Tag	men	ich
kunduz	tagsüber	meva	Obst
kutmoq	warten	ming	tausend
kuttirmoq	warten lassen	ministr	Minister
kutubxona	Bibliothek	ministrlik	Ministerium
kuz	Herbst	muhandis	Ingenieur
ko'cha	Straße	muhim	wichtig
ko'k	blau, grün	mumkin	möglich
ko'ngil	Herz, Gemüt	mushkul	schwierig
ko'p	viel, sehr	muvaffak	erfolgreich
ko'prik	Brücke	muz	Eis
ko'ra	gemäß; als	na ... na	weder ... noch
ko'rgazmoq	zeigen	narsa	Ding, Sache
ko'rishmoq	sich sehen	necha/nechta	wie viel(e)
ko'rmoq	sehen	nechanchi	der wievielte
ko'z	Auge	Nemis	Deutsche(r)
ko'zoynak	Brille	nemischa	auf Deutsch
lekin	aber, sondern	nima	was

nimadir	irgendetwas	pastda	unten
nimaga	wozu, weshalb	payt	Zeitpunkt
non	Brot	pishirmoq	kochen (tr.)
nonushta	Frühstück	pishmoq	reifen, kochen
ochmoq	öffnen	piyoda	zu Fuß
odam	Mensch, Mann	pochta	Post
odatlanmoq	sich gewöhnen	podsho	Padischah
oila	Familie	pomidor	Tomate
olam	Welt	poyezd	Zug
old	Vorderseite	poytaxt	Hauptstadt
oldin	vorher	pul	Geld
olmoq	nehmen	qachon	wann
olti	sechs	qadar	Ausmaß, Menge
oltmish	sechzig	qalam	Stift
ona	Mutter	qalqilmoq	aufsteigen
opa	ältere Schwester	qancha	wie viel
oqizmoq	fließen lassen	qanday/qalay	wie
ora	Zwischenraum	qarab	mit Blick auf
Orol dengizi	Aralsee	qaraganda	mit Blick auf
orqa	Rücken	qaramasdan	ungeachtet, trotz
orqali	mittels, per	qaramay	ungeachtet, trotz
orzu qilmoq	wünschen	qaramoq	blicken
ost	Unterseite	qarindosh	Verwandte(r)
ostki	untere(r)	qarshi	gegen, gegenüber
ota	Vater	qayerda	wo
otmoq	werfen	qayerdan	woher
ov	Jagd	qayerga	wohin
ovqat	Speise, Essen	qaysi	welche(r)
ovqatlanmoq	speisen	qaytarmoq	zurückgeben
qo'l	Hand	qaytish	Rückfahrt
oy	Mond, Monat	qaytmoq	zurückkehren
oydin	hell	qazimoq	graben
oydinlatmoq	erhellen	qidirmoq	suchen
ozod	frei	qilmoq	machen, tun
ozodlik	Freiheit	qirq	vierzig
og'iz	Mund	qiz	Mädchen, Tochter
og'riq	Schmerz		
palov	Pilav	qizil	rot
paxta	Baumwolle	qiziq	interessant

qiziqarli	interessant	safar	Reise
qiziqmoq	sich interessieren	sakkiz	acht
qiziqtirmoq	interessieren	sakson	achtzig
qish	Winter	salom	Gruß
qishloq	Dorf	salomlashish	Begrüßung
qolmoq	bleiben	salomlashmoq	sich begrüßen
qora	schwarz	saltanat	Herrschaft
qorin	Leib, Bauch	Samarqand	Stadt Samarkand
qovun	Melone	samolyot	Flugzeug
quchoq	Arm, Brust	san'at	Kunst
qurmoq	gründen, erbauen	sari	in Richtung
quruq	trocken	sariq	gelb
qush	Vogel	sayohat	Reise
qush	Vogel	sekin	langsam
qutlug'	glücklich	sen	du
quvonmoq	sich freuen	Sentyabr	September
quvonarli	erfreulich	sinf	Klasse
quyosh	Sonne	sinfdosh	Klassenkamerad
qo'ng'iroq	Klingel	singil	jg. Schwester
qo'ng'iroq qilm.	anrufen	Sirdaryo	Fluss Syr Darya
qo'rqmoq	sich fürchten	siz	ihr, Sie
qo'shni	Nachbar	soat	Uhr, Stunde
qo'ymoq	stzen, stellen, legen	soatsoz	Uhrmacher
		soatsozlik	Uhrmacherberuf
radio	Radio	solmoq	tun
rahmat	danke, Dank	sotish	Verkauf
raqam	Zahl, Nummer	sotmoq	verkaufen
Registan	Platz in Samarkand	sotuvchi	Verkäufer
		sovuq	kalt
restoran	Restaurant	sovuq qotmoq	frieren
rosa	genau, exakt	sovg'a	Geschenk
Rus	Russe, Russin	sog'	gesund
ruscha	auf Russisch	sog'lik	Gesundheit
ruxsat	Erlaubnis	suhbatlashmoq	sich unterhalten
sabr	Geduld	suv	Wasser
sabr qilmoq	sich gedulden	suzmoq	schwimmen
sabrli	geduldig	so'ng	später
sabrsiz	ungeduldig	so'ramoq	fragen, bitten
sabzavot	Gemüse	so'z	Wort

so'zlashmoq	sich besprechen	tortmoq	wiegen
tabrik	Glückwunsch	Toshkent	Stadt Taschkent
taklif qilmoq	einladen	tog'	Berg
taksi	Taksi	tufayli	wegen, infolge
talab qilmoq	verlangen	tugamoq	zu Ende gehen
tamomlamoq	vollenden	tugatmoq	beenden
tanimoq	kennen	tun	Nacht
tanishmoq	einander kennen	turmoq	(auf)stehen, leben
tanlamoq	auswählen		wohnen, kosten
taqillatmoq	klopfen	tush	Mittag
taramoq	kämmen	tushirmoq	fallen lassen
taranmoq	sich kämmen	tushki	mittäglich
tarjima qilmoq	übersetzen	tushmoq	fallen
tashlamoq	werfen, aufhören	tushunarli	verständlich
tashqari	außer	tushunmoq	verstehen
tashqarida	draußen	tushuntirmoq	erklären
tashqi	äußere(r)	tutmoq	fassen, halten
tayor	bereit, fertig	tuzatmoq	in Ordnung
tayorlamoq	richten, bereiten		bringen
tayyora	Flugzeug	tug'ilmoq	geboren werden
teatr	Theater	tug'moq	gebären
tegizmoq	berühren lassen	to'g'ri	gerade, richtig
tegmoq	berühren	to'la	voll
tekis	eben, weich	to'qqiz	neun
televizor	Fernseher	to'qson	neunzig
termoq	sammeln	to'rt	vier
tez	schnell	to'xtamoq	stehen beiben
tez orada	bald	u	er, sie, jener, jene
tez-tez	oft	u yerda	dort
tikmoq	nähen	uch	drei
tikuvchi	Schneider	uchish	Flug
til	Sprache, Zunge	uchmoq	fliegen
Timur	Tamerlan	uchramoq	treffen
tinch	ruhig	uchrashmoq	sich treffen
tinchlanmoq	sich beruhigen	uchun	für, wegen
tomon	Seite, Richtung	uka	jüngerer Bruder
tomosha qilmoq	betrachten	ular	sie
topmoq	finden	Ulug'bek	Enkel Timurs
tortishmoq	dikutieren	umid qilmoq	hoffen

umr	Leben(sdauer)	xush	angenehm
uncha	so viel, so sehr	xo'ja	Herr, Hodscha
unday	solch	Yakshanba	Sonntag
unutmoq	vergessen	yana	wieder
urishmoq	sich prügeln, kämpfen	yangi	neu
		yanglishmoq	sich irren
urmoq	schlagen	yaqin	nahe
ust	Oberseite	yarim	halb, Hälfte
ustki	obere(r)	yashil	grün
uxlamoq	schlafen	yaxshi	gut, wohlauf
uy	Haus	yaxshi ko'rmoq	lieben
uycha	Häuschen	yaxshilanmoq	sich bessern
uylangan	verheiratet (m.)	yechinmoq	sich ausziehen
uylanmoq	heiraten	yechmoq	ausziehen
uyg'otmoq	wecken	yemoq	essen
uzoq	weit, lange	yer yuzi	Erdoberfläche
uzoq vaqt	lange Zeit	yetmish	siebzig
va	und	yetmoq	erreichen
va'da bermoq	versprechen	yetti	sieben
vaqt	Zeit	yigirma	zwanzig
vatan	Vaterland	yigit	junger Mann
vatandosh	Landsmann	yil	Jahr
vido	Abschied	yiqilmoq	hin(ein)fallen
vidolashmoq	s. verabschieden	yig'moq	weinen
vokzal	Bahnhof	yoki	oder
xabar	Nachricht	yomg'ir	Regen
xarid qilmoq	Einkäufe machen	yomon	schlecht
xat	Brief	yomonlik	Schlechtigkeit
xavotir bo'lmoq	sich beunruhigen	yon	Seite
xayr	alles Gute	yondirmoq	verbrennen
xayrlashish	Abschied	yonmoq	brennen
xayrlashmoq	s. verabschieden	yopmoq	schließen
xil	Art, Sorte	yoqmoq	gefallen
xizmat	Dienst	yordam bermoq	helfen
xona	Raum, Zimmer	yordamlashmoq	einander helfen
xuddi	genau	yosh	Lebensjahr
xudo	Gott	yosh	Träne, Nass
xurrak otmoq	schnarchen	yotmoq	liegen, sich legen
xursand	erfreut	yozmoq	schreiben

yog'moq	regnen	o'ynamoq	spielen
yubormoq	schicken	o'z	eigen, selbst
yuk	Last, Gepäck	o'z vaqtida	rechtzeitig
yuqorida	oben	o'zaro	untereinander
yurmoq	gehen, laufen	o'zbek	Usbeke, Usbekin
yuvinmoq	sich waschen	o'zbekcha	auf Usbekisch
yuvmoq	waschen	O'zbekiston	Usbekistan
yuz	hundert; Gesicht	o'zgarmoq	sich ändern
yo'l	Weg	o'zgartmoq	ändern
yo'l qo'ymoq	zulassen	o'g'il	Sohn
yo'q	nicht vorhanden	g'arb	Westen
yo'qotmoq	verlieren	g'isht	Ziegel
zamon	Zeit	g'urbat	Fremde
zerikmoq	sich langweilen	shahar	Stadt
zerikarli	langweilig	shamol	Wind
o'lmoq	sterben	shamollanmoq	sich erkälten
o'n	zehn	Shanba	Samstag
o'ngda	rechts	shaxmat	Schach
o'qimoq	lesen, studieren	shoshilmoq	sich beeilen
o'qitmoq	lesen lassen, lehren	shu	der/die da
o'qituv	Lehren	shu yerda	da
o'qituvchi	Lehrer	shuncha	so sehr
o'qituvchilik	Lehrerberuf	shunday	solch
o'quv	Lesen	chapda	links
o'quvchi	Schüler	chaqirmoq	rufen
o'rganmoq	lernen	chaqirtmoq	rufen lassen
o'rin	Ort, Stelle	charchamoq	ermüden (itr.)
o'rta	Mitte	chekmoq	rauchen
o'rtoq	Freund, Kamerad	chet el	Ausland
o'tgan	vergangen	chiqarmoq	herausholen
o'tgan kuni	vorgestern	chiqish	Ausgang
o'tirmoq	sich setzen	chiqmoq	hinausgehen
o'tkazmoq	(Zeit) verbringen	chiroq	Licht, Lampe
o'tmoq	vorbeigehen	chiroyli	schön
o'ttiz	dreißig	chorak	Viertel
o'xshamoq	ähneln	choy	Tee
o'yin	Spiel	choyxona	Teehaus
o'ylamoq	denken	chunki	denn
		chuqur	Loch, Grube

Sachregister

Ablativ 12, 18, 29, 35
Ablativus partitivus 13
Absicht 48
Adjektiv 15
Adjektivbildung 102
Adverb 15, 18
Adverbialsätze 83
Äquativsuffix 103 f.
Akkusativ 11
Alphabet 3
Alter 27
Alternativfragen 25
Artikel 7
Attribut 15
Aufforderungsformen 57 ff.
Betonung 4, 25, 43
bo'lmoq 37, 39, 63, 65, 72, 76
bor 9, 36 ff., 77
Bruchzahlen 30
Dativ 10, 18, 29, 34
Datumsangabe 27
Deklination 7 ff.
Demonstrativpronomina 19, 32
Deutewörter 19
Dezimalangaben 30
Distributivzahlen 30
Dubitativ 40, 62
dürfen 68, 70
edi 38, 60, 67
ekan 39, 60, 67, 77
emish 41, 60
esa 39
Finalsatz 69, 91, 92
Fragepartikel 25, 36 ff., 43 ff.
Futur s. Präsens-Futur
Futur II 63
Genitiv 10, 32, 33

Gen.-Poss.-Konstruktion 13, 33
Genitivus partitivus 13
Großschreibung 4
haben 9
Hilfsverb *sein* 36 ff.
Hilfsverben 83 ff.
Imperativ 57 ff.
Impossibilitiv 84
Indefinitpronomina 21
Indirekte Fragesätze 71, 73
Infinitiv 43, 68, 92
Intensivformen des Adjektivs 17
Interrogativpronomina 24
irreale Vergleichssätze 103
Kardinalzahlen 26
Kasus 7
Kasus indefinitus 7
Kausalsatz 72, 91, 96
Kausative Verbstämme 106 f.
können 84
Kollektivzahlen 26
Komparativ 16, 69, 76
Komparativsätze 103
Konditionalsatz 64 ff., 75
Konjunktionen 94
Konsonanten 4
Konverbien 83 ff.
Konzessivsatz 65, 71, 85
Kooperativsuffix 106
Lautgesetz 4
Lautlehre 3
Lokativ 9, 11, 18, 29, 75
Modalsatz 69, 75, 83, 91, 93
mögen 57
Möglichkeit 65
müssen 68, 70
Nebensätze 110, 119

Negation 21, 36, 43
Nominativ 7, 31
Notwendigkeit 48
Objekt 11, 110
Optativ 57 ff.
Ordinalzahlen 27
Partikeln 97
Partizip 40, 43, 47, 60 ff., 78
Passiv 108
Perfekt 38, 53 ff.
Personalendungen 36 ff., 43 ff.
Personalpronomina 20, 32, 36
Plural 8, 36
Plusquamperfekt 60
Possessivpronomina 21
Possessivsuffixe 8
Possibilitiv 84
Postpositionen 16, 31 ff., 69
Prädikat 110
Prädikatsnomen 9, 15, 21, 43 ff.
Präsens 36, 44 ff., 89
Präsens-Futur 37, 48 ff.
Präteritum 38, 60
Pronomina 19 ff.
Pronominales **n** 19, 20
Prozentangaben 30
Reflexive Verbstämme 105
Reflexivpronomen 22
Relativsatz 78 ff.
Reziproke Verbstämme 106
Reziprokes Pronomen 24
Singular 7
sollen 57
Subjekt 110

Subjektkasus 7
Substantiv 7
Substantivbildung 99 ff.
Suffixbildung 5
Superlativ 16
Temporalsatz 71, 73, 76, 80, 85, 92
Themasuffix 43
Uhrzeit 28 f.
unbestimmter Artikel 7, 15
Ursache 12
Verallg. Relativsätze 66
Verbaladverbien s. Konverbien
Verbalkompositionen 83, 86 ff.
Verbalnomina 68 ff.
Verbbildung 105 ff.
Verbstamm **e-** 37 ff., 67
Vermutung 40, 60, 66, 80
Verneinung 21, 36, 43
Vokale 4
Vokalharmonie 4
Vollverb 43 ff.
Wegstrecke 12, 31
wollen 71
Wortbildung 99
Wortfolge 110
Wunsch 48
yo'q 9, 36 ff., 77
Zählwort 26, 28
Zahlen 26 ff.
Zeitangaben 28
Zugehörigkeit 10, 11, 21, 103
Zusammengesetzte Substantive 14
Zusammengesetzte Verbformen 60

Literaturverzeichnis

Ahmadali Qizi, Zebiniso: Ilon Pari. O'zbek xalq ertaklari. Toshkent 1999

Bodrogligeti, András: An academic reference grammar of modern literary Uzbek. 2 Bde. München 2002

Bodrogligeti, András: Modern literary Uzbek. 2 Bde. München 2003

Coşkun, Volkan: Özbek Türkçesi Grameri. Ankara 2000

Gabain, Annemarie v.: Özbekische Grammatik. Leipzig 1945

Gabain, Annemarie v.: Die zentralasiatischen Türksprachen. Handbuch der Orientalistik, Turkologie, S. 139–160. Leiden 1963

Guérin, Hervé: Uzbek Glossary. 2005

Ismatulla, Khayrulla: Modern Literary Uzbek, Bd. I. Bloomington 1995

Kleinmichel, Sigrid: Übungsbuch Usbekisch. Wiesbaden 1995

Ma'rufov, Z. M. und Mixaylov, G. N.: O'zbekcha-Ruscha va Ruscha-O'zbekcha so'zlashgich. Toshkent 1990

Mahmudov, Nizomiddin und Yaman, Ertuğrul: Turkcha-O'zbekcha va O'zbekcha-Turkcha lug'at. Toshkent 1993

Öztürk, Rıdvan: Özbek Türkçesi el kitabı. Konya 2005

Salihov, Salohiddin und Ismatullaev, Khairulla: Russko-Uzbeksko-Tadzikskij Razgovornik. Taschkent 1990

Sjoberg, Andree F.: Uzbek Structural Grammar. Bloomington 1963

Wurm, Stefan: Das Özbekische. Philologiae Turcicae Fundamenta, S. 489–524. Wiesbaden 1959